牛に化粧品を売る

「生涯顧客」を作る、カリスマ販売員の接客習慣

Sell cosmetics to cattle

長谷川桂子

GENTOSHA
幻冬舎

牛に化粧品を売る

「生涯顧客」を作る、カリスマ販売員の接客習慣

長谷川桂子

まえがき

人口4000人、山に囲まれた田舎町

岡山駅から特急で1時間。

岡山県新見市《にいみ》は四方を山に囲まれた小さな町です。

「ここから見渡せる場所に暮らしているのは、およそ4000人ですね」

JRの新見駅で東京から来た編集者の方をお迎えしたときに、そうお話しすると、驚いて駅前の地図をしばらく見上げられていました。

新見市は岡山県では2番目に面積の大きな市ですが、ほとんどが山地でこれといった産業はありません。人口は市全体でも3万3000人、そのうちの38%が65歳以上と高齢化率は進む一方です。JRの駅がある山に囲まれた細長い盆地が市の中心ですが、その中心エリアですら人口はわずかに4000人です。

かつて大勢の人で賑《にぎ》わった商店街、新見銀座商店街が、いわゆるシャッター通りになってしまってから、もうずいぶんと年月が過ぎました。

新見は過疎と高齢化が進む小さな小さな町なのです。

その町に、創業八十五年を迎えた、安達太陽堂はあります。

化粧品のほかに薬品、日用雑貨も置いています。

いわゆる薬粧店と呼ばれるお店です。

11年連続売り上げ日本一

丸の内や有楽町、恵比寿、渋谷、新宿といった一日に何十万人、何百万人といった人が行きかう東京都内のターミナル駅と比べれば、新見は驚くほど静かな田舎《いなか》町です。

毎年1月から3月は雪が積もり、道路脇に積雪がない日はありません。

でも私はこの町で、私なりの方法で商売を成り立たせています。

化粧品販売の主力メーカーはカネボウです。そのカネボウ化粧品の中でも専門店専用ブランドTWANY（トワニー）の年間売り上げコンクールで、私は11年連続日本一の売り上げを達成しています。

3年連続で日本一に輝いたとき、当時のカネボウの社長が、

「桂子ちゃんがずっと日本一だったらコンクールが盛り上がらないから特別枠に昇格させよう」

とおっしゃって、フォーエバーチャンピオンという称号をいただき、殿堂入りになりました。

そしてその後も日本一を続けてきました。

東京のどのお店よりも、見渡す範囲にたった4000人しか暮らしていない（それも高齢化によって化粧人口が減る一方の）新見でお店を経営している私の方が多くのお客様に支持されていることは、私の誇りです。

いったい、どうすれば、そんなに売れるのか。

化粧品業界はもとより、さまざまな商材を扱う小売業、さらには東京をはじめ地方の企業家やビジネスマンの方々から同じ質問を向けられます。

テレビや雑誌の取材でも、いつも聞かれるのはそのことです。

私自身は、特別なノウハウはないと思ってきました。

でも、振り返ってみれば、やっぱりノウハウはあるんですね。

この新見の町にも、商売を取り巻く環境の変化はありました。私はその変化にどうにかして順応しようと、私なりに考え、努力してきたように思います。

この本では、山に囲まれた小さな田舎町の化粧品店が、どうして日本一の売り上げを続けられるのか、私なりの商売の極意をお伝えできればと思っています。

〝物が売れる〟接客習慣

岡山県新見市という田舎町で、私は商売のノウハウを両親や夫に助けられながら自分なりに考え、培いました。

この本に書かせていただいた販売のノウハウは、32歳で専業主婦から一大決心で転身した私が、何も知らない素人《しろうと》からスタートして培った私独自のノウハウです。

何も知らない素人だったから、回り道や苦労もしました。でも、素人だったから自由に発想できた、というプラスの面もあったと思っています。

研修会や講演で、求められるままに販売ノウハウの一端をお話しすると、

「桂子さん、よくそんなことを思いつきましたね」

と言われることがあります。

最初は、嬉《うれ》しさと同時に、気恥ずかしさも感じましたが「参考になりました」「目からウロコでした」と、販売のプロの方や企業経営者の方からお便りをいただいたり、感想を聞かせていただいたりするうちに、これが私のノウハウなのだと自信を持ってお話しできるようになりました。

この本を読んでくださる方にとって、私のノウハウがビジネスのプラスになれば、これほど嬉しいことはありません。

大学進学で上京してから新見にUターンするまで14年間、私は東京で暮らしました。東京時代は標準語で喋《しゃべ》っていましたが、新見に戻ってから30年近くが過ぎ、今ではすっかり岡山弁に戻りました。

年に数回、中国地域や四国にあるTWANYの専門店のお嫁さんや娘さんなど若い世代の二代目、三代目経営者の方を対象に、岡山市にあるカネボウの中四国支社で「TW創新塾」という勉強会の講師を務めています。

皆さん私を「桂子さん」と呼んでくれているので、この勉強会は通称「桂子塾」と呼ばれています。

桂子塾では、この本で紹介する商売のノウハウ、つまり「売り方」や新商品の勉強など折に触れて繰り返しお話ししています。

私の売り方は、けっして高度な技術や投資を必要とするものではありません。

それは**物を売る者が、自然と身につけるべき習慣**のようなものです。

ですから、けっして難しいものではありません。

習慣を身につけるかつけないか。

ただ、それだけのものです。

だから、話に熱が入ってくると桂子塾のメンバーに向かってついついこんな岡山弁が出てしまいます。

「たったこれだけのことじゃがー。おまえらなんで、たったこれだけのことができんのならー」

牛に化粧品を売る　目次

まえがき……2
人口4000人、山に囲まれた田舎町……2
11年連続売り上げ日本一……3
〝物が売れる〟接客習慣……5

第1章 どこでも買える商品を「ウチ」で買わせる
——桂子流接客術

東京から岡山へ戻って2年で日本一に……12
「牛」に化粧品を売る……16
売ることは聞くこと。お客様のセンスを否定しない……24
商品を見せるタイミングは「ホテルのカーテン」……29
「繰り返しの話法」で相手の心を摑《つか》む……33
メトロノームのテンポで話す……39
髪を切ったんですか、はだめ……41
お客様に生理はいつか、必ず聞く……47
雑談を商談に変える「チェンジレバー」……49
口紅は3色出して、選ばせる……56
お客様は名前で呼ぶ……60
初めてのお客様には三分咲きの笑顔で……65
クレームはきちんと聞いて、最後に数字を示す……70
お客様を外見で選ばない……73
私を虜《とりこ》にした新幹線のワゴン販売……78

第2章 勝負はレジから出口までの「24歩」——売れるお店の作り方

過疎の村でなぜ商品が売れるのか……84
桂子のレジ3回作戦——買い物はその都度精算する……87
お見送りの仕方——車のドアを開けたときが商機……92
ピンチをチャンスに変える機転……95
顧客台帳は写真付き。ペットの名前も必ず書く……100
4色ボールペンの使い方……104
連絡ノートは必須アイテム……107
一度離れたお客様が戻りやすい環境であれ……111
トイレの貼り紙で接客習慣のコツをインプット……116
裏方の家政婦が高級スリップを売りまくった理由……119
いかにして来店の「予約」をとるか……122
安売りをしない代わりに「景品」をつける……129
メーカーのリリースに頼らずに、新商品を売る……136

第3章 お客様への手紙はラブレター——心を打つDMの書き方

年間2万通——DMは手書きでなければ意味がない……142
お礼のDMで「いかがですか?」はNG……145
必ず相手がドキッとする一言を書く……150
出張はDMを活用する大チャンス……154
地元の新聞のどこを読む?……156
大学進学のお祝いは、小さな救急箱……162
携帯メールとDMの使い分け……166

第4章 美しくなるための生体のリズム——美の伝道師として

120キロのお客様を60キロにダイエット……170
28年間リバウンドしないダイエット法……173
痩せて健康になる——サプリや漢方の基礎知識……178
ダイエットとお化粧に共通する「78」の法則……181
満月の夜の10時10分にお手入れを……183
エステティシャンと毛髪診断士の資格をなぜとったか……189
40歳で初めてメイクをしたお客様の反応……194

第5章 商売にとって一番大切なこと——生涯顧客の作り方

リピート率をいかに高めるか……202
「やや満足」を「すごく満足」に格上げする……207
お客様の帰属欲求を刺激する……211
商品に夢を持たせる、バザールの景品……214
世界一高い12万円の高級クリームがなぜ売れるのか……216
お客様にとって大切なものを知ること……219

あとがき……225

構成／浅沢英
カバーデザイン／渡邉民人（TYPEFACE）
本文デザイン／荒井雅美（TYPEFACE）
カバー写真／阿部学

第1章

どこでも買える商品を「ウチ」で買わせる

——桂子流接客術

東京から岡山へ戻って2年で日本一に

私が最初に売り上げ日本一になったのは、まだカネボウがＴＷＡＮＹ（トワニー）を発売するずっと前、東京から新見に戻って間もない頃でした。

当時、安達太陽堂は新見銀座商店街の中ほどにありました。

後に現在の昭和町店を出店し、数年後には本店を閉店して現在の体制になるのですが、そのときは、人通りが年々少なくなっていく商店街の安達太陽堂が私の商売の場でした。

当時流行《はや》っていたくしゃくしゃのソバージュヘア向けのモッズスタイリング剤が、カネボウから発売されたのは、この頃のことです。

カネボウからその新商品の発売にあたって、売り上げコンクールを実施するという案内が届きました。

コンクールの対象期間は２ヶ月。

私はさっそく、お店に来る人来る人に勧め始めました。

一番効果的だったのは、美容院に行って間もないお客様でした。

「素敵なヘアスタイルですね。お気に入りのヘアスタイルでずっといたいですよね」

その言葉でスタイリング剤は簡単に売れました。

美容院はたしかに綺麗《きれい》にしてくれる。でも、毎日毎日フォローし続けてくれるわけではありません。美容院帰りのソバージュヘアの人を見て、今は綺麗だけどこの人、明日からどうするのかしら、とずっと疑問に思っていました。

スタイリング剤を手にしたときから、これは美容院帰りのお客様にまず売ろうと考えていました。

「お客様、いつもすごく素敵なヘアスタイルですね。毎日、セットはどうされているんですか？」

この言葉ひとつで、スタイリング剤は売れに売れました。

そのうちにお店に来てくれるお客様だけでは飽き足りなくなって、お店の前で通りすがりの人に声をかけるようになりました。

中でも、美容院から帰ってくる人は格好のお客様になったことは言うまでもありません。

「美容院に行ってらしたんですか。すごく素敵なヘアスタイルですね……」

２ヶ月が終わってみると、届いた結果は売り上げ日本一でした。まさかこんな田舎町のお店が売り上げコンクールで日本一になれるとは思っていませんでした。それも都会的でおしゃれなヘアスタイリング剤で！

表彰式に呼ばれて、久しぶりに東京へ行きました。

1位は安達太陽堂、2位は横浜大丸、3位は京都阪急。

その結果を見たときに、岡山県新見市の小さな専門店でも、やり方によっては、売り方によっては日本一になれるんだと思いました。

それまで、ビジネスでもスポーツでも日本一ってどんなすごい人がなるんだろうと思っていたのですが、日本一ってこんなものかと、自分が抱いていたイメージが変わったような気がします。

この売り上げコンクールでの成功は、私にとって大きな自信になったような気がします。

当時、商店街の中にあった安達太陽堂が置かれていた商売の環境は、今以上に恵まれたものではありませんでした。

商店街は、かつて毎日、足の踏み場もないほど買い物客で混《こ》み合っていました。土曜の夜には「土曜夜市」が開かれて、まるで毎週、お祭りのような賑わいでした。安達太陽堂は化粧品と薬品を併設した薬粧店で、商店街の中にはライバルの化粧品店が２店、薬局が４店もあったのですが、それでも、それぞれのお店で商売が成り立っていました。ところが、私が新見に戻った頃には、すでに商店街の活気は失われていました。

商店街から川を隔てた昭和町に、ショッピングモール「にいみプラザ」（通称プラザ）がオープンして、買い物の中心エリアが、ショッピングモール界隈《かいわい》に移ってしまったのです。プラザは新見で初めての「エスカレーター」のある建物でした。お客様の目がショッピングモールに釘付け《くぎづ》けになってしまったのは仕方のないことでした。ライバルの化粧品店は、いち早くプラザの中に移転していきました。

私は夫（現・株式会社安達太陽堂社長）と一緒に、化粧品の知識をいちから勉強しながら、プラザのある昭和町に出店する準備を始めていました。

この出店は、安達太陽堂にとって大きな賭けだったのですが、たとえ目の前に地域で一番人気のショッピングモールがあって、そこにライバル店が出店していても、売り方を工夫すれば商品は売れる、と思えました。

昭和町店をオープンしたとき、一日に８００人のお客様がお店に来てくれました。たくさんの人がお店に来てくれて嬉しかった。その賑わいも後に移り変わっていくのですが、スタイリング剤の売り上げ日本一の自信と昭和町店の成功に背を押されて、私は自分なりの発想でこの本に紹介させていただく接客術を毎日、実際のお客様を相手に試しながら、習慣として身につけていったような気がします。

「牛」に化粧品を売る

新見は、冬には雪が積もる山間の町です。

その日も、町には雪が積もっていました。

オープンさせたばかりの昭和町店で、お店のスタッフから「奥さん」と呼ばれて化粧品販売を一手に引き受けていた私は、「奥さん、ちょっとお願いします！」という、あまりに普段と違うあわてた声に驚いて、店先へと出て行きました。

「どうしたの？」

と聞くと、スタッフは、要領を得ない答えを返してくるのです。

「牛が、牛が……って言うんです。とにかくお願いします」

店先に、一人のおじいちゃんが立っていました。

農機具メーカーの帽子に農作業用のジャンパー、そして泥だらけの長靴。

スタッフが慌てたのも無理はありませんでした。このまま店内に入ってこられたら真新しい店の中は泥だらけになってしまうと心配させるような、ドロドロの出《い》で立《た》ちでした。

「いらっしゃいませ」

と私が声をかけると、おじいちゃんは、口ごもりながら何かを喋ろうとしていました。

「花子が、花子がのう……」

最初はお孫さんへのプレゼントでも探しているのかと思いました。

でもよく聞けば、花子はおじいちゃんが飼っている牛の名前でした。

新見は千屋牛《ちやぎゅう》と呼ばれる牛の産地です。大規模な畜産家は少なく、多くは山地の農家で飼われています。山間部の冬場は気温が氷点下になることも珍しくありません。この、おじいちゃんも、そうした山中の牛飼い農家の方なのだろうと思いました。

「そうですかぁ。花子ちゃんって牛なんですね。牛の目ってすっごく可愛《かわい》いですよね。私、あんまり近くで見たことはないんですけど、ぜひあの可愛い目を間近で見てみたいですね」

おじいちゃんが、そこで初めて笑顔を見せてくれたことを、今もよく覚えています。

「おめえ、いっぺん、来てみたら、どげーけぇ」

「ぜひ、行きたいですねえ。牛って何を食べてるんですかぁ?」

するとおじいちゃんは、想像もできなかった滑らかな口調で、得意げに牛の話を始められました。

話が一段落したところで、私はこう聞きました。

「ところで、今日は、いったいどうされたんですか? 花子ちゃんに何かあったんですか?」

「牛の毛にツヤを出したいんじゃ。どうにか、ならんかのう」

それが、このおじいちゃんが化粧品店に来店された目的でした。

聞けば、近々、品評会が開催されることになっていて、花子はこのおじいちゃんの一番自慢の牛だというのです。

「少し、お待ちください」

そう言って私は、毛髪コーナーの商品棚から商品を手にとって、店先で待っていてくれるおじいちゃんの元へ戻りました。

「これは人間のために作られた毛髪スプレーです。これをつければツヤが出て美しい髪になります」

私は見本のスプレーを手に取りました。

「試してみられますか？　どうぞ」

嬉しそうに毛髪スプレーを振りかけたおじいちゃんは、

「おお、ツルツルになったけぇ！」

と喜ばれました。

「人間の髪の毛の主成分はタンパク質です。牛の毛も同じタンパク質です。これをつければ、花子ちゃんの毛ヅヤもきっとよくなると思います」

毛髪スプレー１本１８００円。

牛の花子ちゃんのためのお買い上げでした。


新見には、山陽新聞と備北民報という地方新聞があります。

毛髪スプレーを販売してから２〜３日が経《た》った頃でしょうか。地方新聞の片隅で私は、品評会で〈花子優勝〉の報《しら》せを知りました。

それから、さらに２週間ほどが過ぎた頃でしょうか。

お店に、スーツ姿の老人がやってきました。

最初は別人かと思ったのですが、着ている洋服は違っても、たしかにあのおじいちゃんでした。

「今日は、すごく素敵ですね。おでかけだったんですか？」

するとおじいちゃんは、満面の笑みになって、

「ねえちゃん、ええツヤが出たんじゃ。あのスプレーのおかげじゃ。花子が優勝したんじゃ」

「新聞で拝見しました。おめでとうございます。いつお見えになるかとお待ちしていたんですよ」

おじいちゃんは、品評会の表彰式の帰りでした。

「牛は花子ちゃん1頭ですか？」

「いいや。ぜんぶで15頭じゃ」

「他の子の分も、毛髪スプレーはいかがですか」

「そうじゃのお。みんなの分も買おうかのお」

「ブラシは必要ございませんか？」

「ブラシ？」

「はい。スプレーを振りかけて、丁寧にブラシをしてあげればいっそう毛ヅヤは良くなります。こちらはナイロン製のブラシです。こちらはイノシシの毛で作ったブラシです。ナイロン製だと静電気が発生してしまいますので、イノシシの毛のブラシの方がお勧め

です」

「じゃ、イノシシをもらおうかのぉ」

「かしこまりました。これで花子ちゃんたちは、きっと綺麗な毛ヅヤになりますよ。品評会にはきっと多くの皆さんが集まられていたんでしょうね。お客様の、毛髪クリームはよろしいですか？」

おじいちゃんは、最後に自分のために、花子ちゃんたちより少し安い１５００円のクリームを買われました。

２度目の来店時の売り上げは、牛のための毛髪スプレー１８００円×15本、ブラシ５０００円×１本、おじいちゃん用の毛髪クリーム１５００円、合計３万３５００円でした。

２度目の来店をきっかけに、このおじいちゃんは、ときどきお店に来られて、ご自分のための毛髪クリームを買い続けてくれるお店の顧客になりました。

牛に化粧品を売ったことを、私自身はさほど特別なことだとは思っていませんでした。私が自分自身の接客ノウハウ（＝商売の習慣）について、あらためて考えるようになったのは、ＴＷＡＮＹ全国大会の売り上げコンクールで連続日本一になり、販売店の皆さんの前で講演をさせていただいたり、テレビや雑誌などメディアの取材を受けたりしたことがきっかけでした。

いったい、どうすればそんなに売れるのか？

この問いを向けられるようになったことで、私はあらためて自分の商売を振り返るようになりました。

「花子が、花子がのう……」

そう言って店に来たおじいちゃんが、牛のための商品を求めていると知ったとき、もし私が、「それは、獣医さんに相談してください」と言っていたら、どうなっていたでしょうか？

おそらくそこで、おじいちゃんとの会話は終わっていたでしょう。

でも私はあのとき、

「そうですかぁ。花子ちゃんって牛なんですね」

と答えていました。

振り返ってみれば、これ、売るための話術の基本中の基本なのです。

つまり、**お客様を否定しない**ということですね。

化粧品販売の接客の場面で、よく見かけるのは、お客様が手に取ろうとしている商品

を前に、

「お客様、今、こんな新商品が出ています」

と、新しい商品を売り込んでいる販売員の姿です。

これ、私は最悪だと思っています。

そのお客様は、自分なりにその商品がいいと思って手に取ろうとしているわけです。商品の効能が気に入ったのか、値段が気に入ったのか、パッケージが可愛いと思ったのか理由はさまざまでしょう。でもとにかく、その商品が気に入ったことに間違いはありません。

それなのにいきなり、別の商品をお勧めするということは、目の前のお客様のセンス（もっと言えばその人そのもの）を否定することだと、その販売員は気づいていないのです。

実はこの失敗、私も何度かやりました。

安達太陽堂で化粧品販売に携わり始めた頃（私は32歳でした）、長年カネボウが販売していた定番の化粧水を買い求めてきたお客様に、

「今度、こんな新商品が出たんです」

と、やってしまったのです。

怒られました。

きっと私は、そのお客様を傷つけてしまったんですね。

いくら私が勧めようとした新商品が、いい商品であったとしても、そのお客様にとっては定番の化粧水が一番の商品だったんです。私は新商品を売り込んだことで、長年、定番の化粧水を愛用されてきたお客様のセンスを否定してしまったのです。

あのおじいちゃんの場合も、「獣医さんへは行かれました?」と言ってしまったら、そこで化粧品店を訪ねて来た感覚を否定してしまうことになっていました。そうなっていたら、あの日、毛髪スプレーを買っていただけなかったばかりか、もう二度と、安達太陽堂へは来なかったかも知れません。

お客様を否定する言葉が、お客様を失っていることをまず私たちは知らなければいけません。

売ることは聞くこと。お客様のセンスを否定しない

では、どうやって新商品を売ればいいのですか?

岡山で定期的に開催しているTWANYの専門店の若いお嫁さんや娘さんたちを対象

にした勉強会「ＴＷ創新塾」（通称　桂子塾）で、何度も聞かれる質問です。

答えは、まずお客様のセンスを認めて褒めることです。

私は、まず、こう言いなさいと指導しています。

「お客様、いい化粧水を選ばれましたね。これは、カネボウが長年作り続けている、多くのお客様に支持されてきた商品なんですよ」

つまり、まず最初にお客様がレジに持ってきた、あるいは今、使っている商品を認めるということ。否定しないということ。

それから、ゆっくりと、新商品のご案内をすればいいのです。

「お客様が選ばれた（お客様がお使いの）化粧水は、お肌がしっとりとしてお化粧のノリをよくしてくれる、とってもいい化粧水なんですよ。でも、今度、出た新商品は美白成分がプラスされているので、シミやソバカスを防いで透明感のあるお肌にしてくれるんですよ」

でも、これで物が売れるわけではありません。

岡山の桂子塾で私はいつもこう言います。

「おまえらそこで、自分が言いたいことをべらべら喋り続けるから売れんのじゃ。売りたきゃ、なんでお客様の話を聞かんのならー」

最悪なのは、自分が一方的に商品の説明をしてしまうことです。

説明されているお客様は、「売り込まれている」としか思わない。それでも興味を持ってくれればいいけど、興味がないと、そのうちに、そわそわし始める。こんなときって、視線があっちへ行ったり、こっちへ行ったり。説明なんてまったく聞いていなくて、頭の中で考えているのは、「どうやって断ろう？」ということです。こうなったら、売れるはずだった商品まで売れなくなってしまいます。

理想的なのは、

「お客様、お肌の調子はいかがですか？　これから陽射《ひざ》しの厳しい季節になりますね、また乾燥の季節がやってきますね」

と、お肌の話題で、**相手に何か一言でも喋らせる**こと。

「そうなのよ。職場のエアコンでいつも乾燥気味なの」

と、喋ってくれれば、それでＯＫ。

「そうねエアコンの風って想像以上にお肌が乾燥するの。でも扇風機の風もお肌の乾燥には大敵なのよ」

と、少しだけ知識を披露しながら、また喋っていただく。

商品の勉強は、自分が一方的に喋り続けて相手を屈服させるためにあるのではなくて、このお店にくれば何かを教えてくれるとお客にメリットを感じさせるためにしているのですから。

この「相手に喋らせる」が、みんな上手《うま》くできないと言うんですが、実はそんなに難しいことではありません。

相手の得意を喋らせればいいのです。

先ほどのおじいちゃんの話に戻れば、

「牛の目ってすっごく可愛いですよね。私、あんまり近くで見たことはないんですけど、ぜひあの可愛い目を間近で見てみたいですね」

という話題の提供ですね。

私だって新見で生まれ育ったのですから、牛が草を食べていることぐらい知っています。でもそこは一歩下がって、お客様が喋りたい話題を探る。牛のおじいちゃんの場合はどう見たって、牛一筋に仕事をされてきたおじいちゃんなわけですから、まずは牛の話です。あのときも、得意になって、牛は何を食べるのか、どんな風に世話をしているのかを聞かせてくれました。

聞くことは、お客様の興味を販売員が充分に知ることです。

これは初めてのお客様だけでなく、お店の顧客となってくれているリピーターのお客様に対しても同じこと。

安達太陽堂は店の奥の片側を化粧品販売のカウンターにしています。

カウンターにお客様が座られたら、

「今日も一日お仕事お疲れ様でした」

と声をかけてあげればいい。

その話題が直接、化粧品に関係のない話でも、

「最近、あまり睡眠時間がとれないの」

という愚痴や悩みのひとつでも聞ければ、これは新しい化粧品を勧めるための大切な情報になります。

愚痴や悩みにもお客様の次の興味は隠れている。

お客様に喋らせること、お客様の話を聞くことは、商売を進めるために欠かせない地慣らしだと思っています。

「売りたきゃ、なんでお客様の話を聞かんのならー」

と私が言うのは、このためです。

商品を見せるタイミングは「ホテルのカーテン」

牛の花子ちゃんの化粧品にも通じることですが、新見で30年近く化粧品販売に携わった私が自信を持って続けてきた化粧品の売り方をお話しします。

いつも私がするのは、お客様が興味を持った商品を実感していただくこと。

「いい商品を選ばれましたね。では一度、試してみましょう」

そして、お客様の肌をお借りしてテスター商品をつけさせていただく。

初めてのお客様で、商品選びに迷っている方には、いくつかの化粧品を腕の内側につけさせてもらって「どれが一番、しっくりくる感じですか？」とカウンセリングを始めることもあります。とにかく一度、実感してもらう。

絶対やってはいけないのは、ここでいきなり商品をずらりとカウンターの上に並べる接客。これではお客様は、何を買えばいいのかわからなくなって、買い物自体に嫌気がさしてしまう。これは最悪の接客です。

安達太陽堂はカネボウを主力にした化粧品店ですが、他社の化粧品に興味を持って来店されるお客様もいます。そんなとき、そのメーカーの商品はありません、と言ってカネボウ商品を売ろうとしたら、そこで商売が終わってしまう。だから「その商品はこちらでございます」と言って実感していただけるように、資生堂やコーセーの商品もきちんとコーナーを作って充実させてあります。

「一度、試してみましょう」

と実感していただいたら、

「いかがですか？　よろしかったらお肌ドックをさせてください」

と無料のお肌チェックをさせていただきます。

お店にはカネボウが専門店向けに開発した肌診断の機器「ビューティーアナライザー」があります。これでお肌の水分量や皮脂の量、透明感、ハリ、弾力など10項目を数字で見ていただくことができます。

そして肌年齢を数字で示す。

その数字の意味を、わかりやすく説明してあげるのです。

「お客様はすごく色が白くて羨《うらや》ましいです。でも、ビューティーアナライザーで測ってみると将来、シミが少し心配ですね。去年の夏はたくさん紫外線を浴びられることがありましたか？」

ここでまた、お客様に喋ってもらいながら、お客様の悩みを聞き出す。

「でも安心してください。今は、とってもいい化粧品がありますよ」

これで、商売は半分以上、成功したも同然です。

でもまだ商品をカウンターの上には出さない。

まだ、出してはいけないのです。

これが一番のコツと言えばコツなのでしょう。

「お客様、今度カネボウが発売した薬用美白美容液は、透明感のある肌に導いてくれる美容液なんですよ。マグノリグナンという成分が入っているんですが、これはシミの原因になるメラニンの生成を抑えてくれる効果があるんです」

と、言う。

そして、お客様の興味を煽《あお》る。

もっと言えば、さらにお客様を焦《じ》らす。

「お客様は、マグノリグナンっていう成分、ご存じでした？　私は今回、初めて知ったんですよ。これって漢方にも使われるホオノキという植物の樹皮から、ほんの少ししか抽出できない、とっても貴重な成分なんですって」

と、さらに詳しい説明を続けて焦らす。

そうして、お客様の期待を最大限に煽る。

カウンターの上に商品を出すのは、いよいよお客様の「早く見せて」という期待が頂点に達した瞬間です。

「お客様、これが、そのマグノリグナンという成分が入った薬用美白美容液なんですよ」

そこで、ようやくお客様の目の前に、商品を登場させる。

桂子塾で話すとき、私はこれを、「ホテルのカーテン」と言っています。

TWANYでメディアに出ることが多くなり、私は東京をはじめ全国各地へ行く機会が増えました。

出張先のホテルで、部屋に入ると昼間でも、たいていカーテンは閉められています。

カーテンを開ける。

すると見事な景色が広がっている。

和風旅館も同じこと。

障子を開けると、美しい庭園が窓の外に広がっている。

もし最初から、カーテンが開け放たれていたら、こんな感動はないだろうなと思います。

いったいどんな風景が、どんな庭園が見えるんだろう、と期待に胸をふくらませているからこそ、感動も倍増する。

人間は焦らされれば焦らされるほど燃え上がるものです。

接客もこれと同じこと。

期待を煽るだけ煽ってから、商品とお客様を出会わせることが大切。

そこに感動が生まれる。

お客様は、

「そうなの。これがその美容液なの⁉」

と、期待感いっぱいに商品を手に取られます。

感動があれば、商品は必ず売れます。

「繰り返しの話法」で相手の心を摑《つか》む

来客があると、まず考えるのは、この人は何のために店に来たのか、ということです。

たとえば、ひと目見てファンデーションのノリが悪い人は、乾燥肌の解決が目的かなと想像できます。でもけっして、こちらからその話題は切り出さない。

これは、販売員にとって大切な心得です。

なぜならそれは、お客様にとって他人に欠点を指摘されることだからです。

新見に戻って化粧品販売に携わり始めた頃、顔中シミだらけのお客様が来られたことがありました。

これは何とかしてあげなければ、と思って、

「シミをとるお手入れをしましょう」

と言って、ものすごく叱《しか》られました。

その人にとっての悩みは、シミではなくて目尻《めじり》のシワだったんですね。

私の目から見て、「まずはシミだろう」と思ったとしても、そのお客様は目尻のシワが気になっていたんです。

かりに、シミが悩みの人でも、それをまず他人（販売員）に指摘されるのは、気分が悪いものです。

これは、お客様が欲しいものを販売員が決めない、ということでもあります。お客様が欲しいものを売るのが商売ですから、まずはそのお客様は何が欲しいのかを、聞いてさしあげることが大切です。

「今日は、何をご紹介いたしましょうか？」

とまず聞く。

そして、「シミがねえ」とお客様の口から言わせる。

でも、そこですぐにシミ対策の話をしたら、商売は完璧に上手くはいきません。

「そうですか。シミがあるんですか」

と繰り返す。

「悩んでるのよ」

「悩んでいらっしゃるんですか」

とまた、繰り返す。

何度も自分の言葉で言わせることで、自分がシミで悩んでいることを深く認識させること。そうして、お客様自身に悩みを語らせながら、次の段取りを頭の片隅で考えるのです。

これが、**完璧に売るための話法＝繰り返しの話法**の前半戦です。

この話法って、占い師に似ているのかも知れません。

占い師って、たとえば、

「家に南天の木がありますか？」

と聞くでしょう。

なければ、そのままその話題は流して次の投げかけをする。

もし南天の木があれば、すごい！　となる。

「そして、やっぱり南天の木があるんですか」

と繰り返す。

あとはお客様が全部、自分の悩みを喋ることになるのですが、喋った方は占い師が自分の悩みを言い当てたような気分になってしまうんですね。

私は占い師ではありませんから、そんなことはしませんが（笑）、お客様に**お客様自身の言葉で自分の欠点、悩みを話していただく**ことで、販売員に指摘されてシミ対策をしようとしているのではなくて、自分が悩みを解決したくてお店に来たのだと思わせることが大切です。

そこで、

「ちょっとお肌ドックをしてみませんか？」

と切り出す。

数字を示して、数字の意味を説明してあげるんですね。

最近は雑誌やネットの情報でお客様もみなちょっとした知識を持っているから、それ以上の専門知識をお客様自身の診断数値に沿って説明してあげることで、雑誌の知識を上回らなければならない。

数字をわかりやすく、でも詳しく解説してあげることでお客様に、この人は美容のプロなんだと思ってもらうことが大切です。

繰り返しの話法は、ここから先もまだ続きます。

「去年の夏、紫外線をいっぱい浴びることがありましたか？」

「はい」

「なかなか治らないわよね」

「そうなんです」

「地球に届く紫外線にはＵＶＡとＵＶＢがあるんです。シミやソバカスの直接の原因はＵＶＢです。でもＵＶＡにも気をつけないといけません。ＵＶＡは皮膚の深層部にまで届いて肌のたるみやシミやシワの原因になるんです。いま、どんなお手入れをされていますか」

そうして、さらにお客様に自分のことを喋らせる。

商品説明は、まだまだ先の話。

たいていの販売員は、商品を売りたいという気持ちが先に立って、ついつい商品を出してしまうのですが、商品を出した瞬間にお客様は金額を見て急に興ざめしてしまう。

焦ってはだめ。とにかく、自分がシミの悩みを解決したくてお店に来たことをお客様に深く深く認識させることが、売るための繰り返しの話法です。

この対話のゴールは、お客様から、

「じゃあ、私は何を使ったらいいでしょう?」

「何かいい方法はある?」

という言葉が出た瞬間です。

お客様にそう言わせるまで、商品そのものの詳しい話は絶対にしない。

お客様は悩みを解決したくてお店に来ているわけだから、必ずこの言葉を口にする瞬間が訪れます。

後は、前項で書いた「ホテルのカーテン」です。

お客様の期待を煽る。

期待が頂点に達したところで商品を出す。

そうして目にした商品を、お客様は絶対に買います。

絶対にです。

これは、私が100%の自信を持っている売り方です。

メトロノームのテンポで話す

売れる販売員になるための接客習慣として、お客様と波長を合わせることがあります。

「いつものファンデーションちょうだい！」とお店に駆け込んできたお客様に、ゆっくりとしたテンポで喋ったら相手はイライラして、もしかしたら買うはずだったファンデーションも買わないで帰ってしまうかも知れません。そんなときは、「あら、時間がないのね。はい、ファンデ！」とテンポを合わせます。そして、そのハイテンポのまま「スポンジは？」「まだ化粧水はあった？」「コットンは？」と勧める。不思議なもので、これで４点ぐらいは売れるものです。

桂子塾で私は「相手を見て、喋りなさい」とよく言うんです。

「見ると言っても、ただ、ぼうっと見とったらいけんよ。相手と呼吸を合わせる。そしたら売れるんじゃ」と。

呼吸を合わせると言うと難しく聞こえますが、**お客様のテンポに合わせてあげること**なんですね。

これは私の失敗談なんですが、まだ、化粧品販売の仕事を始めたばかりの頃、高齢のお客様に、矢継ぎ早に新商品の特長を説明して「何を言うとるのか、さっぱりわからん」と叱られたことがありました。

東京から新見に戻って、それまでの専業主婦生活から化粧品販売に携わるようになった私は毎日、必死になって商品の知識を詰め込んでいましたから、相手の事情など何も考えずに一気に自分のスピードで知識をまくしたてて喋ってしまったんですね。

今、思えば、相手は、時間もたっぷりとある悠々自適の生活を送っている方なんですから、慌てる必要はないわけです。そんなお客様に、いくら完璧な説明であっても、矢継ぎ早に喋ったのでは聞いていただけるわけがありません。

人間は自分の波長と合わせてもらえると、すごく心地がいいのだと思います。

私は認定エステティシャンの資格を取得してお店でエステを施術しています。

エステのとき、大切なことはお客様の脈拍に合わせて手を動かすことなんです。

お客様の鼓動とエステティシャンの手の動きがぴったりと一致すると、多くのお客様は浅い眠りに落ちてしまわれます。エステのときメトロノームをセットして行うんですが、1分間に55回に合わせています。これは標準的な心臓の鼓動です。これより早いとお客様の心臓の鼓動も高鳴ってしまうものです。

接客話術もこれと同じことです。

カウンターを挟んで、じっくりと話すときは、なおさらこのテンポ（波長）を合わせることは大切になってきます。

そして、相手の目の動きに注意をくばること。

もし、お客様があちこち脇見を始めたら販売員の話とはまったく違うことを考えていると判断すべきですね。たいていそんなときは「どうやって断ろうかな」と考えているものです。

「お客様からの信号を、ちゃんと受け止めなければだめなのよ」

と、桂子塾では指導しています。

お客様が興味を抱けない話を続けても意味がありませんから、そんなときは話題を変えて、お勧めする商品を変える。シミや日焼けの話に興味がなければ、乾燥肌の話、今年流行する口紅の話と話題を変えてお客様の興味を探り出す努力が必要です。

波長が合っていれば、お客様が興味を抱いた商品の説明を続けながら、相手を焦らすこともできる。

そして、ここだというところで商品をカウンターに出す。

買うに決まっています。

髪を切ったんですか、はだめ

売ることは褒めること、でもあります。

なぜ、お客様を褒めるのか。褒めなければならないのか。

私はこの質問に、いつもこう答えています。

「人って、褒められると心が軽くなるものだから」

心が軽くなると相手と打ち解けようとする。

気負いがなくなるんですね。

そして、褒められると相手を褒め返したくなる。

「あなたはとっても色が白いから羨ましいわ」

と言うと、お客様も、

「桂子さん、いつも綺麗ね」

と言ってくれたりするものです。そこで、

「ありがとう。私、とっても努力してるのよ。もとが悪いから」

と謙遜しながら、スキンケアの話題に持っていく。

私がよくやる接客パターンのひとつです。

髪を切ってこられたお客様が来店されると、多くの販売員は、

「髪を切られたんですね」

と声をかけています。

その販売員は、褒めようと思って声をかけているのでしょうが、これではだめです。

「髪を切ったから、パーマをあてたからどがーなん？　そこを先に言え」

と、私は桂子塾で繰り返し指導しています。

つまり、これが褒める極意です。

相手は切って後悔しているかも知れない。「髪を切ったんですか」だけでは、お客様をもっと後悔させてしまうことになってしまうかも知れません。

だから、まず褒める。

「すごくチャーミングですね。髪、切ったんですか？」

「お客様、今日はとってもシャープな感じで素敵ですね。あら、髪を切ったんですか」

こう言わなければ、褒めたことにはならないのです。

髪を切ったということはそのお客様がイメージを変えようとしていることだから、化

粧品店にとってこれは大きなチャンスです。

そんなときにこそ、

「この雰囲気にぴったりの口紅があるけど、つけさせてもらってもいい？」

と口紅をつけさせてもらう。

そして写真を撮らせてもらう。

後で紹介させていただきますが、こうして撮った写真をお店の顧客台帳に貼りつけておくのが私の顧客管理の重要なポイントにもなっています。

褒めようと思えば、何だって褒められるものです。

高齢のおばあちゃんがリュックを背負って来店してきたら、

「リュックは楽ですね」とは言わずに、

「格好いいですね。リュック大流行ですもんね」と褒めるべきです。

人は何かしら、どんな人でも、ひとつくらいは他人に対してアピールしているポイントがある。そこを褒めるのです。

高齢者のお客様が来たら、シワのことは放っておいて、「綺麗な白髪ですね」と褒める。そのお客様は白髪のままでいいと思っているわけですから「染めませんか」は最悪です。

80歳で口紅をつけていたら「すごくメイクお上手ですね」と褒める。その人は、その口紅が気に入っているわけだから、口紅の新商品を勧めるのではなくて、他の商品で商売をする。

中には、わざわざこちらから褒めるネタを探さなくても、いつも勤務先の制服姿でお店にやってくるお客様が、ある日、ワンピースを着てくるようなことがあります。これは絶対にアピールしている。褒めてあげないと、逆にかわいそうです。

「可愛いワンピースですね。どこかへ、お出かけですか」

と、まず言うこと。

いつも紙袋に手荷物を入れている人が、ブランドのバッグを持ってきたら、

「あら、素敵なシャネルのバッグですね。私もずっと欲しいと思ってたの。見せてもらっていい？」

と褒めるのです。

そうしてお店でお客様を褒めるために、私はアクセサリーをつけずに白衣でお店に立っています。

お客様のアクセサリーを見て、

「素敵なファッションリングですね」

と褒めようと思っても、私の方が大きなリングをつけていたら、褒められないからです。

逆に言えば、私もそのリングを、そのブランドのバッグを、その洋服を「持っている」とは絶対に言わないこと。それでは、褒めたことにならないし、「素敵ね」と言った言葉も全部、単なる嘘《うそ》になってしまう。

でもこういう嫌われる接客を、やってしまっている専門店は意外と多いものです。自分の店に売っていない物でピカピカにしている方、いますよね。

常にお客様を主役にしてあげたいという気持ちと、そのための準備が商売をする者には必要です。

私は新見市内ではいつも白衣で過ごしています。

お客様に会うかも知れない場所で着飾ることはしない。

新見は小さな町ですから、新見にいる間、自宅を出たら、お店にいるときはもちろん、どこかで昼食をとるときも、必ず白衣で通しています。

シャネルが大好きで、東京日本橋の三越でシャネルの洋服を買うのが楽しみなんですが、新見市内でシャネルを着て出歩いたことは一度もありません。

東京へ行くときも、風呂敷包みにシャネルを包んで、目立たない普段着のまま新見を出ます。そしてようやく新幹線の岡山駅や岡山空港に到着したところで、シャネルに着替えるようにしています。

お客様に生理はいつか、必ず聞く

化粧品販売の仕事は80％以上が女性客相手の仕事です。女心をどう摑むかは、この商売の大きなテーマです。

そのためには、女心をくすぐることが大切です。

私は、必ず「生理はいつですか」と聞くようにしています。

世界的な女性の平均閉経年齢は50・５歳と言われています。簡単に言えば50歳で生理がなくなり、女性ホルモンの分泌は止まってしまう。

若い女のコなら「生理はいつですか」と聞かれても嬉しくとも何ともないけど、50歳を過ぎた女性にとってそう問いかけられることは、自分が若くていきいきとした女性と見られているんだと女心をくすぐられる言葉なんですね。

長いお付き合いがあって70歳を過ぎているとわかっているお客様に、

「生理はいつですか」

と聞くと、それは失礼になるけど、でも相手との関係によっては、聞くこともありま す。

初めてのお客様なら、「生理はいつですか?」と必ず聞きます。

これはカネボウのTWANYという商品が、女性の生体リズムに合わせて作られた化粧品であることとも深く関係しています。閉経しているお客様かどうかによって、そのお客様が一生の生体リズムのどの位置にいるのかを知り、カウンセリングをすることがTWANYの販売には欠かせないからです。

だから、あえて聞く意味があるのですが、それ以上に女心をくすぐってお客様に心を開いていただく大切な接客話術のひとつにもなっています。

「お客様、生理はいつですか?」

「何言ってるの、もう10年前に終わっているわよ」

と言えば、60代だなとわかる。

そして相手が60代だとわかれば、そこから会話がスタートできる。

そこで笑顔が出ればしめたもの。

笑顔は、お客様が親しみを持ってくれた証《あかし》ですから。

私はお店に来たお客様が一度は笑顔を見せないことには、物は売れないと思っています。

女心を摑むには、女である私が、女に好かれることも必要です。

ひとつの理想形は宝塚の男役だと思っています。

身なりやお化粧で言えば、派手でもいけないけど汚かったら絶対にだめ。

桂子さんのようになりたい、という憧れの存在でもだめ。

「女」で売らないことだと思っています。

逆に言えば、女に嫉妬《しっと》されたり、女に嫌われることをしないことが大切だと思っています。

私がお店に出るときには、けっしてアクセサリーをつけなかったり、新見市内で白衣姿で通していたりするのは、このためでもあるのです。

雑談を商談に変える「チェンジレバー」

お客様との対話は、90％が雑談です。

雑談でお客様に喋らせるのは、それほど難しいことではありません。

褒めてあげれば、相手は何かを喋ります。

バッグを褒めればお客様は、

「このバッグ、〇〇のお店で買ったのよ」

と、自慢話のひとつもするものです。

そこからさらに喋らせるのも、繰り返しの話法が効果的です。

「そうなんですか。〇〇で買ったんですか」

と言えばいい。

自分の得意な話は、誰だって喋りたいものです。

バッグやヘアスタイルの話でも、その他のつまらない雑談でも、そうやって共感されたら、お客様は、ついつい何か次の言葉を喋らないわけにはいかないでしょう。

そこで、会話が続いていく。お客様との接点が増えていく。お客様に関する情報も増えていく。

「そうなんですか」「～なんですね」のたった2つの言葉で、お客様との対話（雑談）を続けていくことは簡単にできてしまいます。

でも、接客が上手くいかない販売員というのは、そこで話が終わってしまう。雑談だけで商談にはならないんですね。

ＴＷＡＮＹ会の理事を引き受けたことをきっかけに、販売店の後進を育てることが、私の仕事のひとつになりました。

そして、販売店の次の世代を担うお嫁さんたちから相談を受けることも多くなりました。

その中で、しばしば耳にするのが、「お客様としっかりコミュニケーションを取れるようになったけど、まったく売り上げに結びつかない」という悩みでした。

いったい、どうしてなのか？

悩んでいる販売員さんの話をよく聞いてみると、結局、商売と関係のない雑談だけで終わっているんですね。雑談は大切です。お客様とコミュニケーションが取れるということは、とってもいいことなんです。でも、お客様は本当に雑談をするためだけにお店に来ているのでしょうか。

化粧品店（あるいは販売コーナー）に、お客様はただ雑談相手を求めて来ているんでしょうか？

もし、「雑談のために来店している」と答える販売員の方がいたら、私は、だから売れないの、だから悩まなきゃいけないの、その考え方をまず変えなさいと言うでしょう。

お店なんですから、お客様は、なにかしらの商品（たとえ高額の化粧品ではなくても）、何かしらの商品情報（お肌の悩みに関する情報等々）を求めて来ているのです。

そのお客様に、商品の話をひとつもしないのは失礼なことだと私は思っています。

でも、お客様が得意げに喋っている話題を商売の話にいきなり切り替えるのも失礼な接客です。そこで、**雑談を商売に変える**ために、私は桂子塾で**「チェンジレバーを引きなさい」**と指導しています。


桂子塾で、こんな話をしたことがあります。

「芸能人の話題が出たら、チャンスだ」と
お喋り好きのお客様が、のりピー（酒井法子）の話題を出されたとします。そこで、どんな事件があったとか、離婚したとか、ゴシップの話だけで終わってしまったら、単なる時間の無駄。

すかさず、こう言うのです。

「そうね、あののりピーっていろいろあったけど、とっても綺麗ね。なんであんなに綺麗なのかな？」

「やっぱり、毎日エステに通っているからじゃない？」

「そうね。でも彼女の顔って眉《まゆ》がすっごく綺麗なのよね」

これがチェンジレバーです。

つまり雑談モードから商売モードへとギアを入れ替えるための言葉のレバーなのです。

「眉？」

「そう。人の顔の印象って80％は眉できまる。のりピーの眉、ちゃんと見たことある？なかったら教えてあげるわ」

別項でお話ししますが、眉は顔の印象を決める決定的なポイントです。眉の引き方にはセオリーがあるのです。

そこで、眉のウンチクを披露する。

眉の話が出たら、お化粧の話も自然とできます。

チェンジレバーは眉の話だけでなくて、考えればいくらでもあります。

「あの女優さん綺麗な白い肌よね。シミひとつないでしょ。何でかな？」

「やっぱり日焼け対策じゃない」

「そうね、やっぱり日焼け対策ね。きっと首の後ろまで、きっちり日焼け対策してるのよね」

「首にも、日焼け対策ってあるの？」

「あら、ネック用のUV対策クリーム、ご案内していませんでした？」

これも、よく使うレバーのひとつ。

もっと身近な話で、今日のお夕飯を何にするかという話題になれば、

「魚がおいしい季節ね」

と話題を振る。

「どうして旬の魚って、あんなにおいしいんでしょう?」

「それは脂が乗っているからよ」

「そうね、脂が乗っているからよね。それにビタミンBも豊富よね。ビタミンBってお肌にもとってもいいのよ」

「そうなの?」

「お肌の粘膜を保護して、皮膚の再生を助ける効果があるのよ」

TWANYには、ビタミンB群のサプリメント商品もありますから、これでまた商談になる。販売員はお客様と雑談しながら、常に、いつチェンジレバーを引いてやろうかと狙っていないといけません。

ただし、理想のチェンジレバーは販売員が一人で引くのではなくて、販売員がお客様と一緒になって引くものなのです。

自分の言葉だけで話題を変えていくのではなくて、

「のりピーって、なんであんなに綺麗なのかな？」

「あの女優さん、なんでシミがないのかな？」

「旬の魚って、どうしてあんなにおいしいんでしょう？」

と、チェンジレバーの中に相手の言葉を引き出す言葉を仕込んでおくことが大切です。

そうすればお客様は対話をしながら化粧品の話、つまり商談へと販売員と一緒に自然と話題を変えていきます。

チェンジレバーというと、一気に切り替えるというイメージがあるのですが、あくまでも自然な会話の流れでないとお客様は「売りつけられた」と思ってしまいます。

とにかく、**どうやって商談へ持っていくのか、雑談をしながら、頭の片隅で考え続けていることが**大事。それができなければ、単なるお喋り好きの販売員で終わってしまいます。

チェンジレバーの得意パターンをたくさん持っていることも大事ですね。

自分のお店に新しい商品を並べるときに、この商品をどう説明するかよりも、雑談から、どうやってこの商品へと誘導してくるのか、チェンジレバーの引き方をイメージすることが大切だと私は思っています。

それには勉強が必要。

どんな販売員でも100パターンぐらいのチェンジレバーを持つことは可能だと思っています。

チェンジレバーを引いて90％の雑談から、10％の商談をして物が売れる。

私はこれは、接客の醍醐味のひとつだと思っています。

口紅は3色出して、選ばせる

口紅やアイライン、アイシャドウ、アイライナー、チークといったメイク商品は、スキンケアのクリームなどと違って、商品の成分や効果とは別にお客様の好みによって販売が左右されることが往々にしてあります。

そんなとき、どうやって、お客様に一番お勧めしたい商品を買っていただくのか。

私は桂子塾でいつも、

「**口紅は、3色出して、お客様に選ばせなさい。**そして自分が買わせたい色を買わせなさい」

と指導しています。

この話をするときまって、お客様が選ぶのに、どうしてお勧めしたい商品を売ることができるの？　という質問が返ってきます。

「おめえら、日ごろから頭を使っとるか？」

と答えるのですが（笑）、こういう小さな工夫にこそ商売のポイントがあるんですね。

とにかく、お客様に選ばせるといっても、ずらりとたくさんの商品を並べるのは最悪の商売のやり方です。

お客様は何をどう選んでいいのか、迷ってしまわれるし、そのうちにうんざりして、口紅を買うことからも興味を失ってしまいます。

本当は楽しいはずのショッピングが、うんざりという結果に終わるのは、お客様にとってとっても残念なことですし、販売員にとってもたくさんの時間を割《さ》いた挙句に売り上げがゼロというのは、けっしていい商売の方法とは言えません。

私は接客の中で、お客様に教えられながら、失敗から接客ノウハウを生み出してきました。３色から選ばせる販売法も、私自身の失敗の経験がもとになっています。あるときお店に口紅を求めに来られたお客様が、それこそサンプルを27色試された挙句についに購入されなかったということがありました。

おそらく、２時間以上は口紅選びにお付き合いしました。

口紅って、それこそ無数と言っていいくらい色があります。

ひと口に赤やオレンジといっても、その中でいろんな赤やオレンジがある。

結局、そのお客様は迷いに迷って、選ぶことができなかったんですね。

そのことがあってから、どうすれば、お客様にとって一番いい商品を、販売する側にとっても最適の方法で売ることができるのかを考えるようになりました。

私はそのときまで、お客様の口紅選びに納得されるまでじっくりとお付き合いするのが、いい販売員だと考えていました。だから、次から次へと試される口紅選びにお付き合いしたのです。でも、安達太陽堂でも口紅だけで450色があるのですから、選べるわけがありません。選べないお客様がいるのは当然ですし、お客様に時間ばかりとらせて、最後にはうんざりさせてしまう販売員がいい販売員であるわけがありません。

そこで考えたのが、3色から選ばせることでした。

まずお客様がお店に入ってきて口紅を選びたいとおっしゃったら、今つけている色を覚えます。

そして、口紅をふきとらせていただき、一番お勧めしたい色をまず、頭の中で決めます。これが1本目。もし口紅をつけていないお客様なら、ナチュラルな無難な色を選びます。

そして次に、今、お客様がつけていた口紅やお化粧、洋服の好みから、お客様にとって無難な、お客様がいつも好んでいる色を選びます。これが２本目。

最後に、このお客様は、絶対にこの色は選ばないだろうなという、お客様の好みとは対極の、「突飛な色」を選びます。これが３本目です。

そして、その３本を、お客様の前にお出しします。

必ずと断言してもいいですが、お客様は、それまでに興味を煽られていることもあって、１本目を選ばれます。

不思議ですけど、必ず、１本目を選ばれますね。

いろいろ試してみたんですが、**４本や５本だとだめなんです。３本でないとだめ。**

３本よりも多くなると、もうその時点でお客様は迷われてしまうんでしょうね。洋服でも５着試着してしまうと迷って買えないものです。

かといって２本だと、自分が選んでいる気がしない。

３本だと、迷わずに、自分が興味を持った商品を選ぶことができるんですね。

お客様にとっても、販売員にとっても、最適の時間で買い物（販売）をすることができる。

そして、そこで得られる満足もある。

もっと言えば、口紅を選ばれて、まだお客様に時間があるようであれば、

「いい口紅を選ばれましたね。この口紅の色には、このアイシャドウがとってもよく合うんですよ」

と、次の商売へとつなげることもできます。

お客様は名前で呼ぶ

東京出張の際、モスキーノで洋服を買ったとき、感動させられたことがありました。

初めてそこで買い物をした後で、対応してくれた女性店長から手紙が来ました。

第3章で私のDM術を紹介させていただきますが、長谷川様と手紙で呼びかけられて、

「あっ、この店長なかなかやるな」と思いました。3ヶ月後、東京出張の折、この店で買った服を着て行くと、ちゃんと覚えていて、

「長谷川さま、着てくださっているのですね。とってもお似合いです」

と声をかけられて、嬉しかった。

3回目に店に行くと、店長とは別の店員さんがさっと声をかけにきました。

「長谷川さま、申し訳ございません。あいにく店長は本日不在でございます」

その言葉に、感動させられました。

さすがモスキーノだと思いました。店長が、スタッフ全員としっかりコミュニケーションがとれているのです。

でも同じ東京の有名ブランドでも、すべてこうとは限りません。

別のブランドショップでは、そのブランドの服を着ていても何も言わない。

私だったら、他のブランドの服でも、褒めますね。

「お客さま、素敵なシャネルですね」ぐらい言え、と思いますね（笑）。

それはともかく、お客様を名前でお呼びすることは、そのお客様を感動させる一番手っ取り早い方法です。

感動があれば物は売れます。

名前での呼びかけは、安達太陽堂では母の代から続けてきた接客習慣です。

地域のお店ではどんな商売でも自然と行っていることなのでしょうが、顧客台帳で常に３０００人のお客様を管理するようになった今も、私はこの習慣を徹底して続けています。

安達太陽堂の場合、化粧品販売はカウンターの対面販売で行っています。

店に入って、カウンターに座られるお客様は１００％リピーターです。そのお客様に

名前で呼びかけることは、お客様にとって最初の感動だと思っています。

来店して、自分の名前で呼びかけられたら、誰だって少しは感動するでしょう。

「わあ、この店員さん、私のこと名前で覚えてくれてたんだ」って。

その感動が、まず大切だと思っています。

「○○様、今の○○様のお肌はとってもいい状態を保っていらっしゃいますよ」

と名前で呼びかけてカウンセリングをすることで、お客様に、

「あなたのお肌を見せていただいてる」

「これはあなたのためのカウンセリングです」

と伝えることでもあるです。

大量のお客様に対応するファストフード店なら「マニュアルで決められているとおり、他のお客にも同じことを言ってるんだろう」と思われても何の問題もありません。

でも、化粧品販売はお客様と1対1で対面する商売ですから、お肌のチェックもカウンセリングも、あなた一人のためのものと感じた方が、きっと商売は上手くいくのです。

さてお客様を名前で呼ぶ接客をするときに気をつけなければならないのは、そのお客様を何と呼ぶかということです。

私が新見に戻って来た頃、母は馴染《なじ》みのお客様をハルちゃん、とかチイねえちゃんと

愛称で呼んでいました。でも私やスタッフは苗字《みょうじ》でお呼びしていました。

同じお店でも、その販売員とお客様の関係は違うものです。

今では、母も他界してお店での接客の中心は私になりました。長いお付き合いのお客様も増えました。結婚して苗字が変わってしまうかも知れない独身のお客様は、最初から下の名前でお呼びするようにしていますから、私が愛称でお呼びするお客様も増えました。

ただお客様は、たとえ親しい間柄でも友人でも親戚でもありません。専門店とお客様の関係は、そういう特別な関係だと思っています。だからプライベートの付き合いはしない。地域の婦人会とかＰＴＡで顔を合わせることもないようにしています。お客様を常に名前で呼んでいますから、相手によってはファーストネームで呼ぶことも多いのですが、店と客という一線を越えないよう注意しながら心を開き合うようにしています。

私が把握している、顔と名前が完全に一致するお店のお客様は３０００人です。それでも、お客様の名前がわからないことも皆無ではありません。

そこで安達太陽堂では、**万が一、初めての来店ではないのに誰も名前を思い出せないお客様がいたら、一番新入りの店員が最初に声をかける**ことに決めています。

お客様が来る。そこで店員が目配せをして誰も思い出せないとなる。すると一番勤務歴の浅い店員が、「お客様、失礼ですけどお名前は何とおっしゃいましたでしょうか?」と声をかける。「山田です」とお客様がお答えになったところですかさず先輩店員が「あら、あなた。知らなかったの。山田さんよ。山田様、いつもありがとうございます」と二の句を継ぐ。

そして、顧客台帳を繰る。

それで万事ＯＫ、という具合です。

これで何度かピンチを切り抜けました。

勤務歴の浅い店員なら、名前を知らなくても失礼にならないでしょう。

それに、お客様にとっても、あからさまに自分の名前を覚えていないと知らされるよりは気分のいいものだと思うんです。

これはピンチを切り抜ける方法であると同時に、お客様への心遣いでもあると思っています。

最近は、安達太陽堂でもポイントカードを導入していますから、

「お客様、カードはお持ちですか。前回、何色の口紅を買っていただいているかをお調べしますね」

と、切り出す奥の手がもうひとつ増えて助かっています。

初めてのお客様には三分咲きの笑顔で

岡山で定期的に開催している桂子塾で、「おまえら、絶対に言うな！」と、私が口をすっぱくして話しているNGワードが「お久しぶり」です。

「いらっしゃいませ。お久しぶりでございます」

しばしば耳にする接客の言葉です。

でもこれはお客様を傷つけてしまうかも知れない、悪い言葉だと私は思っています。

「あんたの店に来るまでに、その人はいったい何軒のお店を飛び越えて来たか、考えてみなさい」

桂子塾で、私はいつもそう言います。

たとえ5年ぶりでも、わざわざお店にやってきてくれたお客様は、自分はその店のお客だと思って、何軒もの店を飛び越えて来店されたのです。

だから私は桂子塾のメンバーに、

「5年ぶりでも、1000円の化粧品1本のお客様でも、いつもありがとうございますと言え」

と指導しています。

実際、新見の私のお店、安達太陽堂に、

「いつものください」

といって来店されたお客様がいました。

お店では顧客台帳をつけているので探したのですが、いくら探しても台帳がない。台帳は3年経ったら処分しています。つまりそのお客様は少なくとも3年ぶりのお客様だったんです。でも、お客様には久しぶりに来店したという感覚はないんです。だから、「いつもの……」とおっしゃったんですね。

たとえ5年ぶりでも、お客様は、久しぶりだとは思っていない。

それなのに、販売員から、

「お久しぶりです」

と言われたら、けっしていい気はしません。

それどころか場合によっては、この店員さん、厭味《いやみ》で言っているのかしら、と思ってしまわれるかも知れません。

私はいつも岡山から東京まで飛行機のプレミアムシートで移動しています。

先日、席に座ったときにキャビンアテンダントが、とても親しみをもった笑顔といい感じの大きさの声で、

「いつもありがとうございます」

と言ってくれました。

あら、このキャビンアテンダント私のこと知ってるのかしら。以前、話したことあったかしら、と思って顔を見たんだけど記憶はない。でも、すっごく嬉しい気分になりました。

「お久しぶりです」は使わないこと。

だからお店にお客様を迎え入れるときの挨拶は、

「いらっしゃいませ、いつもありがとうございます」

なのです。この「いつも」というひと言が、とても大切です。

そして、お帰りの際も、

「ありがとうございました」

で締めくくるのは、良くないと思っています。

特に、語尾を下げて言う「ありがとうございました」は、そこでお客様との関係が終わってしまうような気がして、私は好きではありません。

私はお帰りの際も、最後に、

「いつもありがとうございます」

と言うようにしています。


顔と名前が完全に一致するような完全顧客ではない、まだお客様との**関係が出来上がっていないお客様**（たとえば明らかに初めて来店のお客様など）**に対して**、私が心がけているのは、**三分咲きの笑顔**です。

ときどき、デパートの化粧品売り場で満面の笑みで声をかけてくる販売員がいますが、あれは怖《こわ》い。私とあなたって、どこかで会ったかしら、と逆に不信感を抱いてしまいます。


かといって、自動販売機みたいな無表情な販売員はもっとだめ。

笑顔は、ようこそいらっしゃいましたという意思表示。

来店されたお客様は、必ず笑顔でお迎えすることが大切です。

ではどんな笑顔で？　と考えて、私も鏡の前で一生懸命練習しました。

それが三分咲きの笑顔なんですね。

話をしていて、だんだんと打ち解けたら、そのとき初めて満開の笑顔をお見せすればいいと思っています。

三分咲きの笑顔の理想は、美智子妃殿下の笑顔ですね。

少し歯を見せて、口角が上がって、慈悲深さがあふれている美智子妃殿下の笑顔が、私の理想像です。

テレビであの笑顔を見て、練習しました。

なかなか、美智子妃殿下のようにはいきませんが（笑）。

さて、では次にどうすればいいのか。

桂子塾でもよく出る質問が、私は桂子さんのように上手く喋れないのですが、どうすればいいですか？　と言う質問です。

私は「そのお客様は、何のために店に来られたのかを考えろ」と言っています。

きょろきょろと棚を見て、商品を見比べているお客様に、

「何かお手伝いすることはございますか」

と声をおかけして、相手に何かを喋らせることが王道ですが、それも上手くできない販売員もいる。

そんなときは、どうすれば、このお客様がいい買い物ができるかを考えて行動しなさ

いと指導しています。

口紅のサンプルを手に取って選ぼうとしているお客様には、

「クレンジング、こちらに置いておきますね」

と、そっと声をかけて一人にしてあげる。

テスターを手に取ろうかどうか迷っている人には、

「試してごらんになって下さい」

と声をおかけする。

そういう店員の態度が、お客様を安心させるのだと思っています。

クレームはきちんと聞いて、最後に数字を示す

商売にクレームはつきものです。

化粧品は顔やお肌に使用するものですから、ささいなこともクレームとなって私たちに返ってきます。

一番多いのはスティンギングというトラブルです。

乾燥肌に初めての化粧水をつけると、ぴりぴりとした感覚を感じてしまうことがある

んですね。

これは、お肌にとって大きなトラブルではないのですが、私は最初の1回は、まず「ごめんなさいね」とお詫《わ》びして、全額返金しています。

そのうえで、もう一度、詳しく話をおうかがいするようにしています。

お客様の立場に立てば、一度買った商品を手にしてもう一度クレームのために来店することは、けっこうな勇気がいるものです。それをシャットアウトしてしまったら、そのお客様は二度と来店してくれなくなります。

お客様が来なくなることが、私たちが最もやってはいけない接客です。

たとえ道を尋ねてくるお客様でも、初めての人がお店に入ってきてくれるのはありがたいものです。「箒《ほうき》ありませんか」と言って、来てくれる人でもありがたい。「申し訳ありません。あったらよかったんですけど」。その接客でお客様は今度は別の買い物に来てくれるかも知れません。一人のお客様をお店に来させるために、どれほど多くのチラシを配らなければいけないかを考えれば、そのありがたさがわかります。

ですから、せっかく、お店で買い物をしてくれたお客様をお店から遠ざけてしまうことは最悪の接客です。

長年、商売をしているとひどいクレームも経験しました。

中身を使いきったクリームを持ってきて、最後の1回でかぶれたとおっしゃるお客様がいました。それでも、一度は返金して誠意を見せるようにしています。

返金した後でお話を聞きながら、私は別の商品を勧め直すようにしています。

たとえば、5000円のクリームでクレームがきたなら、まず商品を引き取って、5000円の現金をお返しします。そこでけじめをつけて、それからお話をお聞きして、2000円のクリームを買い直していただくようにします。

もしかしたら、それは商品へのクレームでなくて、5000円という値段へのクレームだったかも知れませんから。そうして様子を見るようにします。

そうしていると、クレームのお客様が本当のお客様になることもあります。

よくあるのは、小難しいお客様ですね。そういうお客様は他店で相手にされずにうちにやってきているんですね。そこで、ちゃんと対話をしてカウンセリングをしてあげることで、他店では得られなかった満足を得て、完全顧客になることもあるんですね。

商売にクレームはつきものですが、クレームと上手く付き合うことが大切だと思っています。

お客様を外見で選ばない

新見に戻って、母の後を継いで安達太陽堂で化粧品販売に携わり始めた頃、カネボウがセモアというシルクの高級スリップの予約販売を展開していたことがありました。

価格は1着7万円。

商品を手にしたときに、シルクの肌触りといい、縫製の良さといい、美しいレースといい、さすがに高級と呼ばれる商品は品質が違うなと驚かされたものでした。

東京での専業主婦生活から突然、販売に携わるようになって張りきっていた私は、ここでこの高級スリップを売って周囲を驚かせてやろうと考えました。

そこで私は、来店されるお客様の中でも資力に余裕のありそうなお客様に目をつけ、「お客様、今回、シルクのスリップをご紹介することになったんですよ」と片っ端から声をかけ始めたのです。

ところが、これがまったく上手くいきません。

「シルクのスリップなんて、何枚も持っているわよ」

断り文句はいつも同じでした。

それでも、簡単に諦めるわけにはいかないと声をかけ続けていたある日のことです。私が、スリップの話をし始めたとき、そのお客様のすぐ後ろで、別の中年のお客様が興味深そうにスリップを見ていたのです。

私はひと目見て、

「このお客様は買わないだろうな」

と思いました。

今、思えば、大変失礼なのですが、そのときの私は、お客様の着ている洋服やお化粧の様子から、このお客様は、とてもシルクの高級スリップを買うお客様ではない、と思ってしまったのでした。

ところが、そのお客様は、さらに私に近づいてきて、

「へえ、シルクのスリップっていっぺん触ってみたかったんじゃゃ。触らせてもろうてもええかのお？」

と声をかけてこられたのです。

それからひとしきり、そのお客様は、

「これがシルクのスリップかあ」

と、眺《なが》めていらっしゃいました。

結局、私が最初に声をおかけしたお客様は買われず、後から声をかけてきた「買わないだろうな」と思っていたお客様が買ってくださいました。

思えば、私は、勝手にお客様の好みや財布の中身まで決めてかかって、商売をしようとしていました。

新見に戻ってきた頃、他にも同じような失敗をしたことがあります。

カネボウが創立100周年を記念して売り出した高級化粧品セット「甦　花宴セット」の販売で、私が最初に販売活動のターゲットにしたのは、高額所得者でした。

この商品は、とっても素敵なセットで、源氏物語をモチーフにした漆のコンパクトケースや小物の色目合わせ、さらにモチーフの源氏物語に関する立派な箱入りのブックレット（書籍）までついたセットでした。価格は、なんと39万5000円！（当時はまだ消費税がありません）。

最初に、この商品を知ったとき、

「これはお金持ちでないと、買えないな」

と私は思いました。

そこで、当時はまだ公開されていた高額納税者番付を頼りに、新見周辺のお金持ちに向けて、販売活動をスタートさせたのです。

サンプルを持って、お客様のお宅を訪ね、

「今日は、カネボウが販売する化粧品セットをお勧めに参りました。お客様にぴったりの素敵な商品だと思います。一度、ご覧になりませんか」

挨拶をすると、とりあえず、話を聞いてくれました。

私はこのセットを売るために図書館に足を運び、漆塗りの工程やモチーフになっている源氏物語について数冊の本を読み、カネボウの商品説明にプラスして相当の知識を蓄えていました。

私はサンプルを手に、

「お客様。このコンパクトケースは漆塗りでございます」

と説明を始めました。

ところが、これが大変な結果になりました。

「漆なら、うちにもいいのがあるんじゃ」

そう言って席を立たれたお客様が、次に戻ってきたときには、立派な漆塗りの膳やお椀が私の目の前にずらりと並べられました。

旧家のことですから蔵があり、それこそ自慢の品々がたくさん所蔵されているわけです。

所蔵されている漆のお話をたっぷりと聞かせていただいて、そのお宅を出たときには、訪問してから5時間が過ぎていました。

高額所得者をターゲットにした私の作戦は、見事に失敗してしまいました。そこで私は、安達太陽堂にやってくるお客様に、片っ端から声をかけ始めました。もちろん、図書館で蓄えた知識をもとに、

「お客様、源氏物語ってご存知ですよね。そうです、あの平安時代の恋物語です」

と、お話を始め、

「これ漆なんですよ。素敵でしょ。漆は1回塗っては乾燥させるという工程を１００回繰り返して、やっと3ミリの厚さが仕上がります。そうして何層にも塗り重ねて職人さんが丁寧に仕上げていくんですって」

と商品をお勧めしました。

納税番付に名前が載るようなお金持ちにしか売れない、と思っていた商品でしたが、買っていただいたのはいつもお店に来られるお客様でした。

購入いただいたお客様の中には、これから結婚する娘さんのために買ってあげるという方も何人かいらっしゃいました。ＯＬの方にも買っていただいたように思います。

あれから、30年近くが経つんですが、先日もお店に来られたお客様が、

「これ、あなたから買ったコンパクトよ」

と漆のコンパクトを大事に使っていらっしゃって、すごく嬉しく思いました。

このような経験から、私は、**お客様の財布の中身を私が決めることはやめよう**、と決めました。

せっかくお店に来てくださったお客様に「なぜ、このお店は私にはこのキャンペーン商品を勧めてくれないのかしら、私のことをどうせお金がないと思っているのかしら」と思わせてしまうことほど悲しいことはありません。

新しいキャンペーン商品が手元に来たら、たとえそれがどんなに高額な商品でも、必ずすべてのお客様に一度はご案内するようにしています。

私を虜《とりこ》にした新幹線のワゴン販売

新見という田舎町で、私がどのようにしてお客様と付き合い、どこでも買えるはずのカネボウの化粧品を私のお店、安達太陽堂で買っていただいてきたのか、第1章では、主に接客話術についてお話しさせていただきました。

ＴＷＡＮＹ会の仕事も増え、新見と東京を往復することも多くなりました。

そんな生活の中で、逆にお客の立場として、あっと驚かされる接客話術に出会うこともあります。

先日、新幹線のワゴン販売で驚かされたことがありました。

車内販売の女性が押しているワゴンに、ＪＲの制服を着たプーさんのぬいぐるみが吊るしてあったんです。

私が興味を引かれてちらりと見たのに、車内販売の女性が気づいて声をかけてきました。

「お客様、お目が高いですね」

そこで車内販売の女性は手に取ってこう言いました。

「これ制服を着たプーさんなんですよ。可愛いでしょう」

そんなこと、見ればわかっているんだけど、そのコはちゃんとそう言って私の前で見せたんですね。

その次がすごかった。

「制服のポケットの中には切符と時刻表が入ってるんですよ」

そしてそのコは私の目の前で、切符を取り出して、ミニチュアの時刻表を開いて見せてくれたんです。

たったそれだけのことだと思われる方もいるかも知れませんが、もしそのコが、そこまで説明しながら見せてくれなかったら、これはただの販売員です。でもそのコは、そうやってちゃんと説明して見せてくれた。

「可愛いわね」

そう言ったときには、もうプーさんを買っていました。

たしかにプーさんも可愛かったけど、私は同じ接客販売に携わってきた者として、そこまでちゃんと言葉で説明した販売員の接客に感動してしまいました。

この章でお話しした、褒める極意もそうですが、

「髪を切ったんですか」

だけだったら、結局何を伝えたいのかわからない。

「素敵ですね。お似合いですね。シャープな感じがします」と言葉を尽くしてこそ、初めて相手に思いが伝わる。

商品の説明も同じなんです。

テスターを肌につけさせていただくことは大切なことなのですが、それだけではダメなんです。

その商品がどんな成分の入った、どんな効能のあるものなのかを、お客様にわかるように伝えてこそ初めて、値打ちが伝わる。

売るための接客話術では、**言葉を尽くす**、自分だけでわかっているのではなくて、**言葉で相手にわからせる**ことがとっても大切なんです。

もし、販売員が、

「これ制服を着たプーさんなんですよ。可愛いでしょう」

と言わなかったら、私は内心では可愛いと思っていても、そこまで興味を持って手に取らなかったと思います。

もし販売員が、切符と時刻表を見せてくれなかったら、私はそのことに気づかずに、ただの制服を着たプーさんだとスルーしていたかも知れません。

岡山で定期的に開催している桂子塾でも、常に口をすっぱくして私は言葉を尽くして最後まで言うことの大切さを説いています。

お客様が知りたいのは、どうやったら日に焼けないか、どうやったら綺麗になれるかです。

だから、こうしたら「日に焼けません」「綺麗になりますよ」と最後まで言ってあげなきゃだめなのだと。

「だからどがーなん？　その先を言わんかったら、お客様はわからんじゃろうが！」と。

第2章

勝負はレジから出口までの「24歩」

——売れるお店の作り方

過疎の村でなぜ商品が売れるのか

私のお店、安達太陽堂のある岡山県新見市は山に囲まれた小さな町です。父母の代からのお客様も多く、親子3代でずっとお店に来ていただいているお客様も少なくありません。しかし、日本のどこの町とも同様に、あるいはそれ以上に高齢化は進んでいて、人口の38％が65歳以上という高齢化の町です。私の頭の中に整理されているお店の顧客は約3000人です。顧客は昨年200人は増えましたが100人減りました。そのうち50人は亡くなられたお客様です。

若い世代の人たちは、岡山、大阪、東京へと出ていくことも珍しくなく、過疎化も進む一方です。産業も衰退の一途で、かつて地元で一番の企業だったセメント会社も今はなく、お店から100メートルほどの場所にあったNTTの支店も閉鎖されてしまいました。

そんな田舎町で、カネボウのTWANY全国大会の売り上げコンクールで11年連続日本一を続けてくることができたのには、いくつかの理由があります。

ひとつには、顧客単価を確保すること。

そのために私が実践しているのはレジまで3度お客様を引き返させる販売法です。

もうひとつは徹底した顧客管理です。

安達太陽堂のカウンターの内側には、地域ごとに分けた顧客台帳がずらりと並んでいます。ここには、写真付きの顧客情報が書き込まれています。

台帳を見れば、そのお客様がどんな商品をいつどれくらい購入されたか、びっしりと書かれてあります。でもそれだけなら、普通の顧客台帳です。安達太陽堂の顧客台帳には、いったいそのお客様がどんな生活をされているお客様なのかが、私が見ても店のスタッフが見てもひと目でわかるように整理されています。電話をかけなければいけないとき、何時頃にかければよいのか。そもそも、電話をかけていいお客様なのか、DMをお送りしていいお客様なのか等々が、ひと目でわかるように工夫されているのです。

この台帳のおかげで、そのお客様にいったいいつ頃、どれくらいお買い上げいただけるのかが私には想像できてしまうほどなのです。

さらに、売り上げを伸ばすために私が実践しているのは、来店頻度を上げる工夫です。

一回の買い物でお客様が購入できる金額には限度があります。売り上げを上げるためには、年4回しか来店されないお客様に5回来店していただく工夫が必要です。

安達太陽堂では年4回、バザール（大売出し）を開催していますが、このときに一定金額をお買い上げのお客様には、景品のひとつとして通常1回4500円で提供しているエステの無料サービスをお選びいただけることにしています。これによって、年4回しか来ないお客様も年8回来店していただくことができます。来店すれば、たとえコットンのひとつでも買い求めていかれます。

エステをすることで、さらにお客様のスキンケアやメイクの悩みを知ることもできます。そして顧客台帳に書き込む情報もどんどんふくらんでいくのです。

バザールはすべて予約制で行っています。

それも、バザールの直前になって予約を取るのではなくて、バザールに来店くださった時点で、次のバザールの予約をいただくようにしています。

これによって、継続した売り上げが可能になりました。

バザールは2日間で600人のお客様が来店されますから、予約の確認忘れも発生します。無料エステは、次のバザール予約をとっていただいていないお客様に、次の予約をしていただくという目的も兼ねているのです。

過疎と高齢化の町で、安達太陽堂がカネボウのTWANY（トワニー）全国大会の売り上げ日本一を続けてきたのには、こうしたお店作りのノウハウがあるのです。

桂子のレジ３回作戦――買い物はその都度精算する

安達太陽堂は、レジから出口まで24歩のお店です。

「ありがとうございました」とレジで頭を下げて、お客様をお見送りする。

この間、15秒。

普通なら、それで商売は終わりです。

でも安達太陽堂の商売は、ここからが勝負です。

たとえば、化粧水を買ってくださったお客様と雑談をしながら出口までお送りしたところで、

「今日は暑いですね。こんな日は紫外線をいっぱい浴びてしまって大変」

と日焼け止めの話をする。

そこですかさず、

「首の後ろも、日焼け対策してる？」

と話題を投げると「えっ、首の後ろ」と反応が返ってくる。

店内にもう一度引き返して、日焼け止めをご案内する。

そして買っていただく。

もう一度、24歩を歩きながらお見送りする。

その道中、「秋の新色の口紅が出たんですよ」とご案内する。

そして口紅を買っていただく。

春先なら、

「花粉症大丈夫？」

「悩んでるのよ。いろいろやったけどだめなの」

とお客様から言葉が返ってくれば、

「一度、身体《からだ》の中から治してみませんか」

と漢方を勧める。

お客様と一緒にレジと出口を行ったり来たりしながら、化粧水だけ購入予定だったお客様に、日焼け止めも口紅や花粉症の薬も売る。

これが**「桂子のレジ3回作戦」**です。

そのために安達太陽堂の商品陳列は一番奥の化粧品カウンターから見て、右手は口紅やファンデーションなどの化粧品、中央は雑貨、左手は漢方などの薬類というレイアウトにしています。

つまり、最初の接客でこの人、口紅にも興味がありそうだなと思ったらお見送りのときに化粧品のコーナーを歩くのです。そして、商品に目をやりながら秋の新色口紅を勧める。

そして2度目のお見送りは、別の商品コーナーを通る。花粉症やダイエットにも興味がありそうなら、薬類のコーナーで漢方薬をお勧めする。もちろん3度目は、別のコーナーを通って、「いつものシャンプー・リンスまだ切らしてなかった？」と聞く。

1つの買い物のために来店されたお客様に、3つの物を売る。

これ、通称「桂子のレジ3回作戦」と呼ばれています。

この接客を**成功させるコツは、レジをその都度閉めること**。

化粧水を買いに来たのなら、化粧水を売って、そこで一度、お買い上げの代金を精算していただくのです。

化粧水を買いにきたお客様に、口紅もファンデーションも買っていただきたいと思うのは、販売員の心理です。でも、そこで次々と商品を勧めて、一度に精算させることになったら、お客様は金額を見て買い物をやめてしまわれる。かりに全部買っていかれても、心のどこかで「たくさん買わされてしまった」と後悔してしまいます。これではお店は繁盛しません。

お客様にとって「失敗してもいいから一度買ってみよう」と思える買い物は1回3000円までです。

たとえば、口紅ならば多くは3000円までの商品ですから、失敗してもいいから一度試してみようと思って買っていかれる。

だから、いっぺんに欲張らずに、小さな買い物をされた時点でその都度レジで会計を済ませていただいて、一度商売のけじめをつけることがポイントです。

その都度、レジを閉めれば、それは消費者にとって捨て金の3000円の買い物です。そうすれば、お客様はまた深く考え込まないで次の3000円の買い物に手が出せる。

最初の勝負は、出口までの24歩15秒を、どのコースを通って歩くか、です。「いつもありがとうございます」と頭を下げて、お見送りを始めたときに、接客の際のお客様との会話から、出口へ向かって右手の化粧品コーナーを歩くか、中央の雑貨コーナーを歩くか、左手の漢方薬のコーナーを歩くか、を判断する。化粧品コーナーの中でも口紅のコーナーかネイルケアのコーナーか、ファンデーションのコーナーか。あるいは出口近くのブリーチ・ヘアカラーのコーナーかシャンプー・リンスのコーナーか。

「このお客様は、ネイルケアにも興味ありそうだな」と思ったらネイルケアコーナーを回りながらお見送りする。

そして、マニキュアを勧める。

そこで勝負がつけばＯＫ。

もし、マニキュアが売れなくてもまだ商売が終わったわけではありません。出口まで来たところで、強い陽射しの夏の日中なら「今日はすごい紫外線ね」と日焼け止めの話へ持っていく。乾燥した冬場なら「からっからの空気ですね。お肌がひび割れしてしまいそう」と言う。

24歩15秒の間に、商売のチャンスはいくらでもあります。

そこからもう一度、店内へお客様を連れ戻す。

そして次の買い物をしていただいたら、ちゃんとそこでレジを閉めて、今度はもう化粧品のコーナーは通らずに、薬のコーナーの前を通るのです。

「最近、よく眠れてますか？」

次の24歩、15秒で、また商売はできる。

そのために安達太陽堂の店内は、レジを一番奥に置いて、そこから２ヶ所ある出口に向かって売り場を分ける形でレイアウトされています。

お見送りの仕方——車のドアを開けたときが商機

安達太陽堂では、お客様は必ず店外までお見送りしています。

お車で来店されるお客様が多いですから、駐車場までのお見送りですね。雨の日は自分が濡れてもお客様が車に乗られるまで濡らせません。

これは、お買い上げいただいたお客様を、まごころを持ってお見送りするという意味がまずひとつ。スタッフには、車が見えなくなるまで見送りなさいと指導しています。

もうひとつの理由は、先ほどの「桂子のレジ3回作戦」です。

かりに24歩歩いて店の外へ出てしまったお客様でも、

そして出口で、

「今日はすごい陽射しね」

と日焼け止めの話から商売に結びつかなかったお客様でも、車までお見送りすれば、

「ちゃんと車の中にも日焼け止め置いてる？」

と商売のきっかけを作ることができます。

「シミやソバカスの直接の原因になる紫外線ＵＶＡは、曇りの日でも、ガラス越しでも

届いているのよ」

と、そこからまた店に引き返してもらうのです。

店の外へ出て駐車場まで来れば、お客様の気持ちもどこか緩んでいるものです。最近、雑誌の取材を受けることも多くなりました。そんなときでも、私が思わず本音を語っているのは、インタビューが終わって、「今日はありがとうございました」と一区切りが付いた後なんですね。インタビュー中はいくらリラックスしているようでもどこか心は緊張している。でも、終わったと思った後の雑談は知らず知らず気を許してしまっているんです。

商売もこれと同じ。

駐車場で車に乗り込むときに、商品をお持ちして助手席に置きながら、

「そういえば、息子さん、もう大きくなった？」

と話題を投げる。

「今年から大学受験なの、大変よ。東京の大学を目指しているの、上手く合格してくれれば嬉しいけどね」

と話が返ってくる。

これは貴重な情報になります。

春先なら、そこで、息子さんの花粉症の話が出るかも知れない。

そうすれば、漢方のコーナーへ引き返してもらえばいい。

もう秋なら、

「大変ね。でも、マッサージクリームは忘れないでね。これから乾燥の季節だから、お肌の透明感が失われてしまうわよ。目元も口元もほうれい線もね」

と乾燥対策の話題を振れば、マッサージクリームを買い足しておこうとまた引き返してくれるかも知れません。

それともうひとつは、買い物をされたお客様に、買ってよかったという満足感をもう一度しっかりと植えつけること。

口紅を買っていただいたお客様なら、まず店内で、

「よく似合ってるわ。素敵よ」

と少なくとも2度は褒めます。

最初は試しにつけたとき、そして2度目はお買い上げいただいたとき。

でも、これくらいじゃ人って褒められた気分にはならない。

もしかしたら24歩歩いて店の外へ出て、車に乗り込む間に、やっぱり買わなきゃよかったかなと後悔しているかも知れない。いくら3000円は捨て金だといっても、買い

物をした後で後悔しながら帰してしまうのは、商売にとっていいことではありません。

そこで車に乗り込まれたお客様に助手席に商品を置きながら、

「こっち向いて」

とお客様を振り向かせる。

そしてダメ押しの褒め言葉を口にするのです。

「その口紅、やっぱり似合うわ」

ピンチをチャンスに変える機転

商売を長く続けていると、必ず何度かはピンチに直面することがあるものです。

でも私は、ありきたりの言葉ですがピンチはチャンスと思ってきました。

考え方を変えれば、ピンチをチャンスに変えることはできるものです。

新見銀座商店街の父母の店を本店として、昭和町に現在のお店、昭和町店（現在は本店から昭和町店に商売の拠点を完全に移して昭和町店のみで営業しています）を出して10年ほどが過ぎた頃、入院を経験しました。

東京の秘書時代のハイヒール生活が祟《たた》り、ウオノメが悪化してしまって、お店に立っていることができなくなってしまったんですね。

手術が終わって、病院のベッドの上で寝ている間、お店のことが気になって仕方ありませんでした。

でも3日ほどすると、松葉杖《まつばづえ》で歩けるようになって、身体はぴんぴんしていますから、ぼやぼやしてはいられないと隣の大部屋をのぞきました。

意外なほど雑談に華が咲いて、それが商売の話につながりました。

病院の入院患者って、みんな時間を持て余して誰か話し相手が来るのを待っているんですね。

これはいけると思って、次の大部屋、次の大部屋と訪ね歩きました。

掃除のおばさんにも、

「汗ばむでしょう」

と声をかけて、汗どめのファンデーションを売りました。

看護師さんにも、化粧品をたくさん買ってもらいました。

一週間ほど入院していたんですが、退院する頃には私の個室はお店から届いた商品であふれかえって「まるでお店みたいじゃな」と、言われるほどになっていました。

入院していた一週間で、売り上げは58万円。

入院費におつりがきました。

岡山県でO‐157騒動が起こったのも、ウオノメで入院した頃のことでした。日本で初めての集団感染で、小学校の給食で680人中500人が感染するという大変な事態が起こったのです。

田舎町のことですから、これは新見の人たちにとって大変な出来事でした。誰も感染を怖がって出歩かなくなり、どのお店も閑古鳥《かんこどり》が鳴いて商売にならなくなってしまったのです。

安達太陽堂も例外ではありませんでした。

O‐157のニュースが流れた途端に、パタリと客足が止まってしまったのです。どこのお店も、騒動が収まるまでは仕方ないと半ば諦めていたのですが、いつ騒動が収まるのか見当はつきません。

そのとき思ったのは、大事件が起こったとき、みんなと一緒に騒ぐのではなくて、薬屋としてできることは何かを考えなければということでした。

そこで、なんとかせにゃあいけん！　と、考え出したのが「三種の神器」です。いくつかの消毒薬を三種の神器のセットにして売ったのです。

入口のマットに消毒薬をまいて、店頭で「生キャベツはこう洗う！」と実演をしたところ、ピンチはたちまちチャンスに変わりました。次々お客様がやってきたのです。

一週間で売り上げは500万円。

翌日の商品が足りなくて、注文しても配送に数日かかるという返事でした。車を走らせて、岡山まで商品を取りに行ったことを覚えています。

騒動といえば、杜仲茶《とちゅうちゃ》騒動が起こったこともありました。

これはピンチではなくて、チャンスの到来でした。

ある日、午後2時か3時に「杜仲茶ありますか？」というお客様がぞろぞろ来たのです。

来るお客様がみんな同じように、

「杜仲茶ありますか？」

いったい何が起こったのかと思って聞いてみると、みのもんたさんのテレビ番組で杜仲茶が紹介されたことがきっかけでした。

この騒動は、O-157とは違って悪いニュースではなくて、商売をしている者にとっていいニュースでした。

このチャンスを逃す手はない、と思い、その日からみのもんたさんの番組の録画を始めました。

安達太陽堂は朝9時から夜8時までが営業時間です。

お店を閉めて自宅に帰り、録画した番組を早回しで見る。

そんな生活が始まりました。

新見のような田舎町では、テレビの情報は東京以上に大きな影響力を持っています。

番組を見て、店に関連した商品があるとわかると、夜中にもう一度店に引き返して、新しいコーナーを設営するのです。

「昨日の、あのテレビ番組で紹介された商品はこのシリーズです」

とポップを作って、翌朝一番に出勤してくるスタッフに申し送りをしておくのです。

追い風の情報があれば、臨機応変に取り入れる柔軟さも商売には必要なことだと思っています。

思えば、みのもんたさんの情報番組が放送されていた頃は、夜にパジャマで家と店を行ったり来たりで、本当に忙しかったですね。

顧客台帳は写真付き。ペットの名前も必ず書く

安達太陽堂は、顧客台帳によって化粧品を中心にしたお客様の顧客管理を行っています。

顧客台帳での管理は、地域の化粧品専門店ではどこでもやっていることで、母の代からの習慣でした。母から商売を引き継ぐようになって、私はこの顧客台帳の管理にさらに力を入れるようになりました。

お客様が化粧品コーナーのカウンターに来られて、台帳を開いた瞬間にひと目で大切な情報が目に飛び込んでくるように、そしてDMや電話の顧客フォローの際に必要な情報が簡単に確認できるように整理されたお店の財産、商売のネタ帳なのです。

台帳には、お客様の顔写真が貼りつけられています。

これは貴重な顧客情報です。

安達太陽堂には、3000人の顧客がいます。すべてを私の担当顧客としてるわけではなくて、スタッフにもそれぞれの実力と経験に応じて担当顧客を持たせています。

台帳を見ながら、スタッフと情報を共有するときに写真があることで「ああ、このお

客様」と簡単に話が通じます。新見へ戻ってきたとき台帳を見ながら母と話をしていて「このお客様はどんな人？」と聞くと「あの丸顔の……」と母は言うのですが、私にはさっぱりわかりませんでした。そんな経験からメイクをさせていただいたり、新しい口紅を塗らせていただいた折に「とっても素敵ね、写真を撮らせて」と写真を撮って台帳に貼るようにしました。

写真があれば、来店された折に髪形を変えていることもすぐにわかる。

そしたらまた、「素敵ね」と写真を撮らせてもらう。

ＤＭを書くときも、写真を見るとその人を思い浮かべることができます。目から入ってくる情報って、いろんな記憶やイメージを呼び起こしてくれるから本当に便利なんです。

台帳には、家族構成からペットの名前まで、あらゆる情報を書き込んでいます。

それが接客の際の話題作りになる。

「〇〇ちゃん（ペットの名前）元気？」

今は「少子多犬化」の時代ですから、この一言で、お客様との距離は一気に縮まります。

お客様が来店されると、まず台帳を開きます。

でも、お客様の目の前で、台帳を読み込んでいるわけにもいきません。

そこで工夫したのが**カラーシールを台帳の表紙に貼っておくこと**。

ピンクは、気難しい人。クレームも多い人。

シールを見た瞬間に、以前、どんなクレームがあったのか、すぐに記憶がよみがえってきます。私が不在のときは、スタッフには慎重に接客するように指導しています。

これはクレームを未然に防ぐという意味もあるけれど、ナーバスなお客様だから、知らず知らず傷つけてしまって、お客様を失ってしまわないようにというスタッフへのコーションでもあります。

グリーンのシールは物忘れのひどい人。

クリームが切れたといって買い求めに来ても、つい3日前にも同じ買い物をされている人もいます。

本人がわかっていて、何かの事情があってまた買い求めに来られたのであればいいのですが、物忘れがひどい方に同じ商品を何度も売ってしまってはお店の信用にかかわります。

そこで、グリーンのお客様が、同じ商品を求めてこられたら、

「まだ充分に残っているはずよ。一度、家に帰ってまだ残ってないか調べていただけませんか。せっかく来ていただいたのにごめんなさいね。でも○○さんにまた会えて嬉しかったわ」

と相手を傷つけないようにして、お客様にとって無駄な商品を売らないようにしています。

オレンジのシールは、アイメイク商品は絶対に買わない人。

スキンケアに興味があるお客様に、次はメイクの商品をお勧めするのは化粧品販売の王道なのですが、いくらお勧めしてもアイラインなどのアイメイクを買わない人がいます。理由はいろいろあるんでしょうが、そのお客様にとってアイメイクは興味の対象外なのですから、来店するたびに勧められるとお店に来るのが嫌になってしまう。

私自身が確認するためにも、そしてスタッフがアイメイクを勧めてしまわないためにも、オレンジのシールで注意を喚起しているのです。

初めて台帳をお作りするお客様に、私は必ずこう聞いています。

「次のシーズンに、あなたにきっと似合う口紅が出るので、ぜひ連絡させてほしいんだけど、どうやってお知らせすれば一番いいですか？」

電話が一番簡単なのですが、新見のような田舎町では姑さんと同居しているお嫁さんもたくさんいます。姑さんと一緒にいる時間に化粧品店から電話がかかってくると、それだけで姑さんに目の敵《かたき》にされてしまうお嫁さんも中にはいます。

だから、必ず聞くようにしているんです。

電話をするにしても、何曜日の何時頃がいいのか。

平日の午後2時は韓流ドラマを見ているからかけてこないで、という人もいますしね（笑）。

最近は携帯メールを利用される方もずいぶんと増えましたから、携帯メールのアドレスをおうかがいすることも多くなりました。

DMをお送りしてもいいかどうかも、確認するようにしています。

さっきの電話と同じですね。

姑さんに化粧品店の得意客だと思われるとまずいということもあるのです。

4色ボールペンの使い方

このようにして、プロフィールやお買い上げいただいた商品の記録をどんどん書き込んでいくと、顧客台帳はどんどん分厚くなっていきます。

そこで、安達太陽堂では、私やスタッフが全員、４色ボールペンを持つようにしています。

これもお客様の買い物の状態が、誰が見てもひと目でわかるようにするための工夫です。

午前中に買い物に来られたお客様の情報は、すべてグリーンのボールペンで記入します。お客様の生活パターンというのは大体決まっていて、一度グリーンのボールペンで記入したお客様の顧客台帳は、たいていずっと緑色で記入されていくことになります。

午後に来店されたお客様の情報はブルーです。

お近くのお客様にかぎっては、配達をさせていただくこともありますので、配達のお客様は黒色です。

そして、毎月の売り出しＤＭに対して反応してくださったお客様は赤色です。

このように**４色ボールペンを使い分けていると、台帳を開いたときに、ひと目でお客様の状況がわかります。**

安達太陽堂の３０００人の顧客の中で、赤色のボールペンでしか記入されていないお客様は、約３００人いらっしゃいます。これは売り出しＤＭのときにしか買い物をされないお客様です。

逆に言えば、バザールのときには必ずＴＷＡＮＹの商品を予約で購入してくださるお客様ですね。お客様にはそれぞれ買い物のペースがあります。お客様によっては、化粧品は３ヶ月に１度、まとめてバザールのときにと決めていらっしゃるんですね。

こういうお客様には、バザールのＤＭは必ずお送りしなければいけませんし、もしＤＭを出しても反応がなかったら、電話をかけて「どうしたの？　何かあったの？」と失礼にならないように近況をおうかがいすることも必要です。

グリーンやブルーのお客様が、急に黒色に変わったときも同じです。

それまでは午前中にしろ、午後にしろ、来店して買い物をしていただいていたお客様です。それが黒色の配達に変わったということは、ご家族が病気になられたとか、何か家庭事情に変化があったのかも知れません。

電話なりＤＭなりで、

「お母様も高齢になられたと思いますが、お変わりなくお元気でお過ごしですか」

と、さり気なくフォローの言葉を届けなければいけません。

このようにして、４色ボールペンでお客様の買い物の状態を管理しているのは、話術だけで売るのでもなく、桂子さんだから買う、というのでもなく、「安達太陽堂」から買うという、安定した商売の土台を作る努力だと思っています。

一日の終わりに、私はスタッフからの連絡ノート（この後で詳しくお話しします）に目を通して、自分の文字で顧客台帳に書き込むようにしています。

そうして、経営者として台帳を管理していれば、お客様の変化に気づくことができます。

私が直接、ＤＭや電話をしなくても、担当スタッフに、

「ご家族の方が病気じゃないの？」

と話しかけて、連絡をさせることができます。

「○○様は、今日は珍しく午前中に買い物に来られたのね」

と聞けば、お勧めを休まれて専業主婦になられたと確かめることもできるのです。

連絡ノートは必須アイテム

安達太陽堂は朝９時から夜８時までが営業時間です。

通常、朝一番にシャッターを開けるのは早番のスタッフです。

私は午前中に個別のお客様に電話での漢方相談などをしてから、お昼前にお店に出て、閉店の夜8時まで勤務するようにしています。

スタッフは現在、私や夫（社長）を含めて9人。

どんなお店や会社でもそうでしょうが、スタッフの休日を考えれば全員が一堂に会して顔を合わせる機会というのは意外なほど少ないものです。

でもお客様にとっては、安達太陽堂はひとつのお店です。私が不在だからといって、担当のスタッフが不在だからといって、お店で承った注文や約束が行き届いていない事態は絶対に避けなければいけません。

これは私が客として経験したことですが、東京の有名な花屋さんで買い物をしたときのことです。

新見から東京へ出張して、友人の愛犬のナナちゃんの誕生日が近いことに気づきました。そこで、ナナちゃんのためにお花をプレゼントしようと思い、注文したのです。

ところが、送り届けてくれる日を伝えるときになって、ナナちゃんの誕生日が本当にその日だったのか不安になってきました。そこで店員さんに「明日、新見へ帰ったら誕生日を確認して必ず電話をするので、送り届けている日を指定するのはその電話でいいかしら」と聞いてみたのです。店員さんは「それでいいですよ」と言ってくれたので、安心して買い物を済ませて新見に戻りました。

翌日、ナナちゃんの誕生日を確認して、東京の花屋さんへ電話をしたのです。

ところが電話に出た店員さんが、

「少々、お待ちください」

と言って受話器を保留にしたまま、いつまで経っても誰も電話口に出てこないのです。

そもそも、「少々、お待ちください」という言葉はあまりいい言葉ではありません。人が電話口で待てるのは10秒が限界だと私は思っています。

「ただいま、すぐに代わります」

もし、10秒で誰も電話口に出られないとしても、そういうべきだし、できれば本当に何があっても10秒で対応できるお店作りをしておくべきですね。

結局、10分くらい待たされたような気がします。大袈裟《おおげさ》ではなくて、本当に10分です。

そしてようやく出てきた別の店員さん（先輩の店員さんか店長でしょうか）が、昨日の店員は今日は休みだと言う。そして、またいちから事情を説明させるんです。

これには、お客としては辟易《へきえき》させられましたし、同じ商売をする者としてはがっかりさせられました。

東京のあんなに大きなお店でも、この程度なのかと。

お客様に対して「わかりません」は、悲しい言葉ですよね。

そんな悲しい言葉を、うちのスタッフが口にしなくていいように、うちのお客様が耳にしないでいいように、私はスタッフ間の連絡ノート作りを徹底するようになりました。


スタッフには、「思いついたことはすべて書け！」と指導しています。

私も思いついたことはすべて書くようにしています。

何日何時に、お客様から予約の電話が入る約束になっている。

私が不在の折の、お客様から私へのメッセージ。これは何も買い物に関することだけではなくて「忙しいのね。身体に気をつけるように言っといてあげて」というような世間話も。

そうしておけば、「私のこと、気遣ってくれてありがとう。嬉しいわ」とDMを書くこともできます。とにかくすべて書くことが基本です。

この連絡ノートは、スタッフが出勤してきたら、全員が必ず目を通して、サインをして、それからお店に出ることに決めています。

夜、お店を出るときに、私から、「商品棚の後ろに埃《ほこり》があったから気をつけてチェックしておいて」とか「新しい商品に関する商品説明に必ず目を通しておいて」と、指示を伝えることにも使っています。

こうして連絡ノートを徹底しておけば、いつお店に来ても、お客様に悲しい思いをさせることはありません。

一度離れたお客様が戻りやすい環境であれ

完全顧客になったお客様でも、何かのきっかけでお店を離れていくことはあります。

転勤で新見から岡山市内へ移っていった学校の先生がいました。

長年、ずっと安達太陽堂で買い物をしてくださっていたお客様でした。

転勤することになったとお店に報せに来てくれたとき、そのお客様は「岡山へ行っても、ずっと桂子さんの店に買い物に来るからね」と言ってくださって、とっても嬉しかったことを覚えています。

実際、岡山へ転勤されてからも、しばらくは新見まで時間を見つけて買い物に来てくれていたのです。

でも、やっぱり無理をされていたんだと思います。

だんだんと足が遠のいて、そのうちにとうとう買い物に来られなくなりました。

それは、仕方のないことだと思っています。

無理に引き留めようとしても意味がない。大切なことは、いつか戻ってくるかも知れないお客様だから、そのときに戻りやすくしてあげることなんです。来店されなくなった頃から、年賀状ぐらいは出していましたが、以前のように頻繁にＤＭを出すことは控えていました。それが相手の負担になるといけないと思ったのです。

岡山へ転勤していってから４年が経った頃、地元紙の備北民報を見ていたら公立学校の先生の異動の記事が載っていて、そのお客様がまた新見へ戻ってきたことを知りました。

そこで電話を入れたんです。

「おかえりなさい。岡山時代はしんどかったでしょう」

いくら転勤でも、長年通っていたお店に足を運ばなくなって、また戻るっていうのはお客様にとっても勇気がいるものなんです。

その電話で、そのお客様は、自分がまた受け入れてもらえたと思われたと思うんです。

さっそくエステの予約を入れてくれて、またお店で再会しました。

「やっぱりコレコレ。桂子さんのエステが一番」

と言ってくれて嬉しかった。

でもまだ、私への気遣いもあったと思うんです。

新しい化粧品をまた、ひとそろい買うと言ってくれたんですが、無理をさせてはいけないなと思って、

「せっかく買ったんだから、今ある化粧品がなくなってからにしなさい」

と、その日は買い物をさせませんでした。

この一言で、そのお客は自分を思いやってくれた、また大事に思ってくれていると実感する。今も私にとっては大切なお客様の一人でいてくれています。

このお客様の場合は、転勤が理由でしたが、不思議なもので離れていったお客様の中にも、この人はまた戻ってくるなという予感のある人がいるんです。

これは商売人の勘としか言いようがないんですが、毎日、顧客台帳を眺めて手書きのDMを書いていれば、そういう勘が働くもので、当たるんですね。

昭和町店を出してから数年が経ったとき、2キロほど離れた場所に新しい複合商業施設ができて、そのなかに化粧品や雑貨を扱うドラッグストアがオープンしました。また、反対側へも500メートルくらい離れた場所に、大型ドラッグストアができました。専

門店ではないから、自分で選んでレジへ持っていくというスタイルのお店なんですが、物珍しいから、かなりのお客様がこの2店に流れました。

これは、安達太陽堂にとって大きなピンチでした。

でも、きっとあの人とあの人は帰ってくるな、と思えるお客様は何人もいました。

そんなときは、無理に追いかけずに、相手が忘れた頃に葉書を出す。

「最近は忙しい？　何時に寝てる？」

そんな、ちょっと相手を気遣う程度の軽いＤＭです。

これも、戻ってきやすい環境作りのための工夫です。

「また、必ず来てね」と書いてしまったら、相手も「そんなの客の勝手でしょ」となる。

かといってまったく無視してしまったら、やっぱりもう一度、戻ってきにくい。

ここは、じっと我慢だと思いました。

すると半年ほど経って、やっぱりお客様は戻ってきたんです。

「自分で選んだ化粧品の品番が微妙に違った」

「ファンデーションをつけたけど色味が違う」

「化粧水をつけるとぴりぴりする」

それはけっして、そのお店の落ち度ではないんですが、お客様にとってはクレームなんですね。

品番間違いを教えてあげて、そのまま使えるものは、岡山の先生と同じように「せっかく買ったんだから使ってしまいなさい」と使わせて、もう一度、お客様との関係を作り直しました。

同時に私は、こうした品番まで熟知したカウンセリングや、スティンギング（ぴりぴり肌）の解決こそ、専門店がやらなきゃいけないことだと思いました。

また、この頃、ある地域で訪問販売の化粧品にお客様を取られたことがありました。このことに気づいたのは、顧客台帳がきっかけでした。

最近、来店されないなと思ったお客様が、ある地域に集中していたんですね。

顧客台帳は母の代から、地域ごとに整理する習慣になっていて、このときに役立ちました。

いったいこの地域で何が起こっているのか。新しい化粧品店ができたという噂《うわさ》も聞かなかったので、これは訪問販売だなと思ってその地域のお客様にそれとなく聞いてみると、やっぱりそうだったんです。

これは無理に追わずに、時間がかかっても戻ってくるまで我慢しようと決めました。

結局、5年かかったんですが、ひたすら待ちました。

その間、DMも季節の情報的なものしか出さず、戻ってきやすい環境だけは作って我慢していたんです。

すると、だんだんと情報が入ってきました。

訪問販売員が無理をして在庫を抱え込んでしまって離婚したとか、逆に御殿を建てたとか……。

そうして、行きつくところまで行くと、そこでその地域の訪問販売の熱も冷めたのでしょうね。少しずつお客様がお店に戻ってきてくれました。

トイレの貼り紙で接客習慣のコツをインプット

安達太陽堂の従業員専用トイレには、ベタベタと貼り紙が貼られています。

連絡ノートは日常の伝達事項がメインだけど、トイレの貼り紙は、ひとつには訓話のようなもの。

気づいたことを書いておく。

たとえば、「何かお探しですか、ではなくて何かお手伝いすることはありますか　と言いましょう」と、私が普段、感じたり、スタッフにこう思ってほしいな、こうしてほしいなと思うことを書いています。

トイレに座ったら、ちょうど目の前に貼り紙がある。

ぼうっと座っているようで、スタッフは必ず見ているものです。

常に、私の意識がスタッフ一人一人に届いてこそ理想のお店作りができると思っていますから、貼り紙を書くことは私の大切な仕事です。

バザールのときは他県からのカネボウの美容部員が応援に来てくれるので、貼り紙はもっと具体的な内容になります。

「商品は必ず、お客様の目の前で一緒に確かめながら紙袋に入れてください」

ささいなことだけど、これを徹底しておかないと家に帰ったら注文していた商品が入っていなかった、というクレームにつながってしまいます。

人を育てるには、３年かかると思っています。

私が好きな言葉は、山本五十六《いそろく》の、

「やってみせ、言って聞かせて、させてみて、褒めてやらねば人は動かじ」

という言葉です。

この中でも、特に大切なのは「やってみせ」の部分だと私は思っています。

安達太陽堂では、毎月商品を決めて、私も含めたスタッフで販売数を競い合うことにしています。

冬場にカネボウの入浴剤をその月の商品にしたことがありました。

いつも、まず1日目は、

「誰が来ても声かけてみるから、失敗したら、私がなんで失敗したか、見よんなさい。成功したら、どの言葉が良かったのかちゃんと考えて」

と言って、して見せます。

入浴剤は15包み4000円の商品でした。

「そんな高いもの買わないわよ」というお客様もいれば、「気に入っている入浴剤があるから変えたくないの」というお客様もいました。それでも10人に声をかければ1人は売れる。その1人にはなぜ売れたのかをみんなで考えさせるのです。入浴剤はブルターニュ地方の温泉成分が入っていて、お風呂の温度が1度上がるというものでした。どうやら、その商品説明をしながら勧めたのが良かったという結論になりました。

そこで、2日目からいよいよスタッフと競い合って売るのです。

もちろん、トイレには、入浴剤の効能を「ブルターニュ地方――お湯温度が1度上がります――」と書いて貼っておく。

すると、私が期待している以上に、みんなたくさん売ってくれる。

バックヤードに表を作っておいて、１個売ったらシールを１個貼って、みんなで競う。

そして最後はスタッフ一人一人を褒めてあげる。

こうしてスタッフを育てることは、経営者として非常にやりがいのある仕事です。

でも安達太陽堂のスタッフである以上、そのスタッフが育てたお客様は安達太陽堂のお客様でないといけません。

昔、スタッフが辞めると、同時にお客様も消えてしまうことがありました。「もう○○ちゃんがいないなら、あの店にはいかない」と思われてしまっては一生懸命スタッフを育てた意味がありません。

今では、スタッフが退職するときは３ヶ月前から、そのスタッフのお客様を私が引き継ぐようにしています。それがお店とスタッフ、お客様の健全な関係だと思っています。

裏方の家政婦が高級スリップを売りまくった理由

人を使うのは、本当に難しいものです。

でも、どんな人にも適性はある。

私はそう思っています。

第1章でも述べましたが、東京から新見に戻ってきた頃、カネボウが提携していた、セモアという高級ブランドのシルクのスリップを予約販売で売ったことがありました。

この高級スリップを、どうやって売ればいいのか試行錯誤していたとき、ふと思い浮かんだのが当時、うちにいた家政婦さんでした。

母は長年、店に集中していたので、家事は家政婦さんにお願いしていました。

この家政婦さんは、すごくいい人なんですが、私の目から見て、けっして優秀な家政婦さんではありませんでした。買い物に行ったらどこで油を売っているのか、なかなか帰ってこない。困った家政婦さんだなあと思っていたのです。

でも……と考えたのです。

たしかに家政婦さんとしては優秀ではないかも知れないけど、見方を変えれば、買い物に行ってあちこちで油を売っているわけだから顔は広いぞ、と思ったのです。

母やお店のスタッフは販売のプロです。そして私も母やスタッフを超える販売のプロになってやろうと意気込んでいました。家政婦さんはお店の商売の中ではまったく裏方です。

でも、お店でずっと過ごしている人間とは違う広い人脈を持っているかも知れない。

これを使ってみない手はないなと考えました。

そこで、高級スリップの見本品を見せて、

「ねえ、あなた、このスリップ売ってみない？」

と相談を持ちかけたのです。

二つ返事で協力してくれるという。

どこまでやるかな、と半信半疑ではありましたが、見本品を渡して様子を見てみました。

すると、売るわ、売るわ。買い物の合間に油を売るついでに、高級スリップをどんどん売ってくれたんです。

これには驚きました。

お店の商売には直接関係のない裏方で、一見、商売なんてとてもできないように見えても、人には思わぬ能力、適性があると気づかされた出来事でした。

この家政婦さんのおかげで、約1ヶ月の予約期間で安達太陽堂は全国でも上位の売り上げを記録して、東京での表彰式に招待されました。

これは、家政婦さんに感謝しなければいけないと思いました。そこで、スーツを一着プレゼントして、ピカピカのレディになってもらって、一緒に東京へ行きました。

いかにして来店の「予約」をとるか

安達太陽堂はＴＷＡＮＹ全国大会の売り上げコンクールで連続売り上げ日本一を記録してきました。

1回2日間、年4回、つまり1年で計8日間のバザールは、売り上げに大変貢献してくれています。

私は1回のバザールで1000万円を売ります。バザールは3月、6月、9月、12月の4回ですが、12月はクリスマス、年末ということもあり1200万～1300万円の売り上げです。

不思議なもので、年の瀬は財布のひもが緩むというのは本当ですね。

余談ですが、安達太陽堂は12月のバザールが終わった直後の12月27日から大みそかまで福袋を販売していますが、これも4日で200万円くらい売れます。12月31日だけはいつもより2時間早く18時閉店。沈んでいく太陽に向かって、今年も1年間、ありがとうございましたと頭を下げて、1年を締めくくります。私はこの大みそかが1年の中で一番好きな日です。

ＴＷＡＮＹの売り上げコンクールで全国へ行くには、ＴＷＡＮＹの商品を年間１２００万円は売る必要がありますが、バザールを１回終えた時点で、日常の売り上げと合わせて、この目標を達成しています。

あとは連続日本一へのチャレンジですね。

バザールは化粧品販売の世界では、当たり前に行っている商法です。

いわば、どこの専門店でも行っている常套《じょうとう》手段です。

カネボウのＴＷＡＮＹ会の他店でも春のバザール、サマーフェア、秋のバザール、ウインターフェアと年４回実施しているお店が多いようです。さらにお店の創業祭をくわえて５回、実施しているお店もあります。

母も年４回のバザールを行っていました。

これだけでも大したもので、母もずっとカネボウの売り上げコンクールの表彰に出かけていました。当時はＴＷＡＮＹという商品もＴＷＡＮＹ会の全国コンクールもありませんでしたが、母は30年以上、ずっと表彰式に出かけていました。それだけ長く売り上げを続けた母を、私はまだ超えていないと思っています。

でも、バザールの１回の売り上げは母の時代から比べると10倍になりました。

私が新見に戻ってから安達太陽堂はいくつかの曲折を経てきました。そのときどきで、どうしようかと悩み、頭を捻《ひね》って商売の方法を考えました。そうして生まれたのが現在の安達太陽堂のバザールです。

母の大病を機に東京から新見に戻ってきた頃、かつて土曜夜市が行われて身動きがとれないほど賑わっていた新見銀座商店街は、すでに人通りが減り始めていました。商店街には60軒ほどのお店がありました。その中にライバルの化粧品店が2店、薬店4店。それでもそれぞれのお店の商売が成り立つほどの賑わいだったのです。

両親が経営していた安達太陽堂は、この商店街の中ほどにありました。賑わいの中心が移ったのは、新見市内で初めてのエレベーターが設置されたショッピングモール「にいみプラザ」がオープンした昭和町でした。そのうちに、商店街の中にあった資生堂のお店と、同じカネボウのライバル店が「にいみプラザ」の中に引っ越しました。安達太陽堂も「にいみプラザ」に行きたかったのでしょうが、父は大型商業施設の進出に反対の立場だったので、行きたくても行けないという事情もありました。

新見に戻って2年後、私と夫（社長）は、平成元年（1989年）に、「にいみプラザ」と同じ昭和町にお店を出しました。これが現在の安達太陽堂昭和町店です。

昭和町店をオープンしたとき、毎日４００～５００人のお客様が来てくれました。本当に嬉しかったです。

化粧品、薬品だけでなく目玉商品のティッシュや日用雑貨も販売していましたから、その賑わいはしばらくの間続きました。

最初は商店街の本店と昭和町店の２店で営業していましたが、５年ほどして本店を閉店しました。

新聞に折り込みチラシを入れて、備北民報や山陽新聞といった地方新聞に新聞広告も掲載していました。目玉商品を仕入れて広告を打ち、お客様を呼び込むことで店は賑わっていました。それと同時に母の代から続いてきた年４回のバザールを続けて化粧品を売り、商売は順調に伸びていたのです。

ところが、数年して「イオンショック」がやってきたのです。

オイルショックではありません。イオンショックです。

倉敷にイオンの大きなお店ができた。同じ頃、高速道路も整備されてそれまで車で２時間かかっていたのが、１時間でイオンまで行けるようになったのです。新見の人たちの土日の過ごし方が変わりました。家族で車に乗ってイオンに行けば、買い物をして食事をして一日過ごせる。安達太陽堂は、土日の来店客が激減しました。新見商工会の調べでは、新見の人たちの全消費に占める新見市内での消費は40％に満たなくなっていきました。

さらに追い打ちをかけたのが、2キロほど離れた同じ新見市内のロードサイドに新たな複合施設サンパークがオープンしたことでした。これが「サンパークショック」です。

これで、完全に客足は減りました。

いくらチラシを入れても人が思うように集まらない。

結局、人の流れがにいみプラザからサンパークに移ってしまったんですね。

サンパークのオープンから6ヶ月、お店は閑古鳥が鳴いていました。

お客様が来なくなって辛《つら》かった。

なんでこんなことになったのかと毎日、考えていました。

おそらく夫（社長）は、運転資金の金策に走り回っていたんじゃないかと思います。

昭和町店を出したとき、安達太陽堂のお客様は1000人増えました。でもその後のイオンショック、サンパークショックで600人減りました。

結局、化粧品のお客様は専門店のカウンセリングを求めてじょじょに戻ってきてくれたんですが、このときに私ははっきりと、商売のやり方を変えなければ安達太陽堂は生き残っていけない、と思いました。

チラシを見て、目玉商品だけを買いに来るお客を維持しても将来はないと思い、安売り合戦をやめたのです。

そのとき、ふと頭によぎったのがバザールにポイントを置くことでした。

思い出したのは、新見へ戻ってきた頃に私のアイデアで実施したウエディングフェスティバルのことでした。

ウエディングドレスを用意しておいて、メイクしてあげて写真を撮るという単純な企画だったんですが、これが大盛況で、一日で１００万円くらいの売り上げになりました。若い人たちに向けたイベントだったんですが、結婚式を挙げていなかったご夫婦も来られて、すごく賑わいました。そのときに、お客様って「こんなこと」が好きなのかなと思いました。

バザールをもっと賑やかに催そうと思いました。

でも、少々派手にやったところで、今までどおりのバザールでは同じことです。

商店街のお店で、母はバザールが近づくと電話でご案内して来店予約をとっていました。バザールが近づくと夜遅くまで電話をかけていた母の姿を今もよく覚えています。

昭和町にお店を出してからも、私はやり方を真似《まね》ていました。

でもこれでは、追いつかないと思いました。

まだ商店街の本店だけで商売をしていた頃、カネボウとフィラとの提携で春、秋新作のポロシャツの予約をとるフェアがありました。思えば、高級スリップも見本片手の予約商売でした。バザールをもっと大きな商売にするには、予約をとらなければいけないと思いました。

フィラのポロシャツのように、半年前からでも予約はとれる。

ならば、**バザールで来店いただいたそのときに3ヶ月後のバザールの予約をとっておこうと思ったのです。**

そのために、何をしなければいけないのか、と考えたとき、顧客台帳を4色ボールペンで管理し、カラーシールで色分けし、写真を貼り、ペットの名前まで書くことを思いつきました。第1章で紹介した接客話術について真剣に考えるようになったのも「桂子のレジ3回作戦」が生まれたのもこの頃でした。この後の第3章で紹介する年間2万通の手書きのDM葉書に力を入れるようになったのもこの頃です。

安達太陽堂は、このときから折り込みチラシを入れることをやめました。

お客様の気持ちになって接客し、バザールに行きたいと思わせる、もっと言えば、バザールに来させる商売へと舵《かじ》を切ったのです。

安売りをしない代わりに「景品」をつける

バザールというからには、普段の買い物とは違う特典が必要です。

ときどき、お店のお客様が「バザー」と言うんで、困っているんですけどね（笑）。

「バザーじゃねえ、バザールじゃ」

って何度言っても、覚えてくれない人もいます。

それでも、「今度もバザーはいつ？」と興味を持って必ず来てくれるから、本当にありがたいんですが。

バザールは安売りではありません。

ですから値引き販売は一切しない。でもお客様も何か特典が欲しいから、バザール期間中の２日間に５０００円以上お買い上げいただいたお客様には金額に応じて景品をおつけしています。

バザールに力を入れ始めた頃、近くの農業高校と提携して、冬にパンジーの苗を仕入れました。６００ポットほど仕入れたと思います。

「この花、あの高校の生徒さんたちがつくったのよ」

と言えば、地元の高校生が育てたのかと親近感がわく。そして4月から5月にかけてパンジーが咲くと、それがまたお客様との話題になる。そう思って始めた景品でした。

今は、景品は社長が仕入れてきた品を金額に応じて選べるようにしています。鍋やキッチン用品からバッグ、子どもの玩具までさまざま。でも不思議と余りはほとんど出ない。お客様が選ぶとはいえ、仕入れるときにお客様の顔がイメージできているからです。このお客様はこれが欲しいだろうなとお客様を思い浮かべながら仕入れる。このあたりのセンスは社長ならではです。

私の仕事はTWANYの商品を仕入れること。

1回1000万円の仕入れです。予約された商品しか買われないお客様もいますが、バザールの日に買い物を増やされるお客様もいる。パソコンで整理すればいいのでしょうが、私は頭の中に入っている3000人のお客様とのお付き合いを頼りに、心を無にして仕入れ商品を発注します。

商品を仕入れるとき、この商品をあの人に売りたいなと思うお客様がいなかったら、それは顧客を持っているとは言えないと私は思っています。

最近のバザールでは、TWANYの商品が3品余りました。金額にして3万円。10

00万円の売り上げで3万円の誤差ですから、わずか0・3％の誤差ですが、私はこれが悔しくて仕方がありません。

私の顧客管理も、まだ甘いなと。

さて、TWANYの商品を1万円以上バザールの予約で購入いただいたお客様には、メーカー提供の限定品をおつけして、景品をお選びいただくか、または普段4500円で提供している私のエステの無料券をお選びいただけるようにしています。

1万円以上、TWANYの商品をお買い上げいただく方は、たいてい無料エステを選ばれますね。

これもまた、私にとっては大切な予約商売のツールです。

バザールには2日間で、TWANYの予約販売の方だけでも600人が来店されます。バザールに関する**手書き封書DMは全部で850通、そのうち600人の来場**ですから、誰が来て、誰が来ないかはもうわかっています。

DMが届いた頃に「届きましたか」と電話を入れる。こうして、予約をより確かなものにしています。DMは業界常識では発送したDMに10％の来店があれば大成功ですが、70％の来店率ですから、これは普通のDMではないと思っています。

でも、これだけのお客様が来店されれば、次のバザールの予約をきっちりととれないお客様も必ず出てきてしまいます。そこで、無料エステに来店されたときに、予約忘れのお客様に、もう一度、次のバザールの予約を入れていただいています。

こうして年4回のバザールに予約来店されるお客様は、その後の無料エステを含めて年8回来店されます。どこの化粧品メーカーもそうですが、カネボウの場合も年8回来店される方はバリューカスタマーです。お店の生涯顧客ですね。

調べたら昨年、年間80回、来店されたお客様がいて驚きましたが、すべてのお客様に何十回も来ていただくのは無理があります。目指すのは年8回の来店。こうなると、そのお客様はなかなかお店から離れてはいかない。安達太陽堂ではバザールと無料エステで、バリューカスタマーを育てています。

私はバザールを開催することで、一度にたくさん売ろうとは思っていません。バザールの予約販売で、一人のお客様に2万円までが目安です。2万円×500人＝1000万円が目標です。

最高で一回38万円購入してくださったお客様がいました。30万円以上の方は昨年8人いた。カネボウには12万円の栄養クリームという、世界で一番高い栄養クリームが商品ラインナップにありますから、これくらいの金額になるんですね。でも、客単価を上げることに執心するよりも、多くのお客様に、確実に売りたいと思っています。

中には年4回だけの来店、お買い上げというお客様もいらっしゃいます。

でもお客様にはそれぞれ買い物のペースもあるし、個別の事情もある。

年4回、確実に来てくださるなら、私はそれでいいとも思っています。

顧客台帳に赤色のボールペンで書いてある人です。そういう人を無理やり年8回のバリューカスタマーにしようとすれば、逆に店から離れていってしまうかも知れません。

年4回のバザールには、それぞれテーマがあります。3月／これから紫外線。6月／お化粧がくずれる夏。9月／また冬を迎えて1つ上の年齢肌へ。12月／クリスマスイベントといった具合です。

新見は雪が降る町です。1月から3月は街路に雪が積もっています。3月の雪の季節に紫外線対策の日焼け止め商品を売るのですが、普段から丁寧にカウンセリングをしていれば、お客様は納得してくれるものです。

バザールの開催日は金曜、土曜と決めています。これは経験から学んだものです。日曜日は人が来ない。家族が一緒にいる時間が多いからでしょうね。

金曜日だと、仕事帰りに来る人も立ち寄れるでしょう。人の心理として週末が買い物がしやすい、ということも感じています。通常の営業でも水曜日はやっぱり暇。購買意欲がない日なのかも知れません。

女の心理としては、バザールに行く＝イベントに行く、なんだと思います。

皆さん、バザールを楽しみにしてくれています。

忙しい人のためには予約商品の買い物をセットしておきます。毎回約60セットくらい。もし来店できなくても、予《あらかじ》めご連絡いただいている方には商品や景品の取り置きもしています。でも、バザールが過ぎてしまってから連絡いただいたり来店された方には、絶対に景品をお渡しすることはしていません。

これは、すごく大切なことだと思っています。

あるお客様のお母様が亡くなられたと知って、お通夜に行ったら山を4つ越えた新見の端でした。これまで「明日バザールに来て！」と言っていたことが申し訳なくて、あらためて心の中で頭を下げました。

そんな場所からバザールに来てくださっているお客様もいるのです。

この2日間しか、この売り方で売らないというのは、すごくわがままな商売です。その私のわがままに付き合ってくださっているお客様がいる以上、バザール以外の日に、バザールと同じサービスをすることはお客様に対する裏切りです。

「ごめんなさいね。あなたに景品を渡してしまったら、バザールに来てくださったお客様に申し訳ないから、それはできないの」

私はそう言って、丁重に頭を下げることにしています。

それでも忘れてしまうお客様もいます。

そこで顧客台帳には、前日にもう一度ＤＭをお送りしたり、電話をかけてほしいというお客様の情報も書き込むようにしています。

バザールは予約の商売です。

単なるお祭りではありません。

どんなテレビドラマにも次回予告がある。

洋服屋さんでも「次の新しいデザインが発表されるのは○月頃です。その頃、来られますか？」と聞いてくる。

次回予告をして、お客様に来ていただく、確実に来させることは、戦う準備をして戦うことなんだと思っています。

私は夫の影響でゴルフをしますが、あのタイガー・ウッズも父親が亡くなったときはメジャーの試合で予選落ちしました。準備ができていなかったんでしょうね。

だから私は徹底的に準備をしてバザールをする。**戦う前の日に100%の準備が終わっていること**が必要です。結果が想像つかなかったら戦えない。

人は転ぶと、そこに坂があったから、石ころがあったから、靴が悪かったと責任を転嫁しがちです。

商売では、それはタブー。

安達太陽堂のバザールには、どんな雨の日も、雪の日も、台風の日でも必ずお客様が来てくれます。

バザールを次回の予約制にしてから、母からお店を引き継いだ頃と比べてバザールの売り上げは10倍に伸びました。

私は、バザールに失敗したことは、まだ一度もありません。

メーカーのリリースに頼らずに、新商品を売る

商品は売る人間が売りやすい方法で売ることが大切だと私は思っています。

当たり前のことですが、化粧品関連の商品は地域仕様、お店仕様の商品ではありません。カネボウの化粧品は全国どこのお店へ行っても同じ商品が売られています。

メーカーはその商品がどういう商品なのか、丁寧な説明書を用意してくれます。でもメーカーのリリースがいつもその販売店にとってベストだとは限りません。

もちろん私もメーカーが用意してくれた商品説明やリリースにはしっかりと目を通します。でもそれだけに頼らないことが大切です。

誘導美容液という化粧品があります。これは美容液ですが、顔を洗ってすぐつけることが必要です。

洗顔後、30秒もすればお肌は乾燥が始まります。

その前につけることで、しっとりとしたお肌が保てます。

「顔を洗ってすぐつける」

もちろん、それでもいいですが、お客様の生活シーンを想像してみると、これでは漠然としていると思いました。

そこで、私が考え出したキャッチコピーは、

「お風呂からあがったらパンツをはく前に」

笑っちゃうでしょ。

でもこれが受けました。

化粧品には使う順番があります。どうしても覚えられないお客様には1番、2番とシ

ールを貼ってあげることもある。そんなとき、この誘導美容液は「お風呂からあがったらパンツをはく前に」と言い添えることでお客様の頭の中にすっと入ったようでした。

「桂子さん、パンツをはく前ね」

「そうよ、パンツをはく前よ」

ちゃんと忘れずつけるから効果もあるし、商品も減る。

なくなったらまた、買いに来てくれる。

お客様にとってもお店にとっても、こんなに幸せなことはありません。

化粧品というと、ドレッサーの前にずらりと並べておくというイメージが先行しがちですが、お客様の日常の暮らしを考えれば必ずしもそうとは限らない。

お客様によっては、キッチンに化粧品を置いている方がいても私は驚きません。

日焼け止めなら、玄関や車の中に置いておくことをお勧めした方が、いい場合もあるのです。

いつも**新しい商品が手元に来ると、私はその商品と対話をする**ことにしています。

「あんた、どうやって売ってほしい？」

５０００円のラッピング美容液がありました。

お肌に保護膜を作ることで、保湿して滑らかにしてくれる美容液です。

でも、そんな難しい説明から接客を始めてもすべてのお客様の耳には届かない。

そこで考えたのは、

「ラップをかけるのはリンゴだけですか？」

というコピーです。

これをポップにしてお店に貼っておく。

「ねえ、これってどういう意味？」

とお客様から聞いてくれたら、こっちのもの。

商品説明を始めた時点で、売れたようなものです。

安達太陽堂の店内には、こんなポップがいくつも貼られています。

乾燥肌のかゆみを抑える入浴剤がありました。

これは、

「かゆいところに湯が届く」

というコピーで売りました。

非常に効果の高い日焼け止めファンデーションが販売されています。

メーカーのイメージはテニス、ゴルフ、ガーデニングなど屋外に長時間いるときのためのファンデーションでした。

でも新見の町で、テニスと言っても、それほど多くのテニス人口がいるわけでもない。多くのお客様にとって「私には関係ない商品」となってしまう。

そこで考えたのが「農作業用ファンデーション」。

これも受けました。実際に農業に携わっていない人にとっても、すごく身近に感じる言葉なんですね。

メーカーの商品説明やリリースを否定しているわけではないんです。

販売に携わる者は、**メーカーが考えるものと、現場で向かい合うお客様にどう問いかければ届くかは少し違う**ということを知っておくことが大切です。

岡山で定期的に開催している桂子塾の販売店は、カネボウから新商品が届くと「桂子さん、早く新しいキャッチコピーを考えて」と催促してきます。

私が考えたキャッチコピーやポップは、カネボウの担当者が薬事法への抵触や表現の問題がないかチェックして、全国のＴＷＡＮＹ店で売り上げに一役買っています。

第3章

お客様への手紙はラブレター

——心を打つDMの書き方

年間2万通——DMは手書きでなければ意味がない

安達太陽堂は、年間2万通の葉書及び封書DMを発送しています。新見は小さな町ですから、地元の郵便局から表彰されたこともあるほどです。

DMといっても、よくある宛名ラベルとカラー印刷のご案内ではありません。**安達太陽堂のDMは、すべて手書きのお便りです。**

年間2万通、そのうち年賀状は2800通。

いったいいつ、そんなに大量の手書きの葉書を出すのかとよく聞かれますが、慣れてしまえば何ということはない。お店にいる間の空き時間、閉店間際の時間等々、葉書を書く時間はいくらでもあります。

何より、これは3000人の顧客名簿に整理されたお客様に出す、私からの大切な手紙です。大切な人に手紙を書くのに時間がない、なんてことはあり得ないでしょう。

大切な人への手紙ですから、宛名シールで住所を書いてあるわけがありません。裏面がカラー印刷だということもあり得ません。

1通1通、お客様の顔や近況を思い浮かべながら書く。

それで当たり前だと思っています。

桂子塾でも、しばしばこの桂子流ＤＭの話をすることがあります。

私はいつも必ずこう言うんです。

「考えてもみなさい。そのお客様のところに一日にいったい何通のＤＭが届くと思ってるの！　宛名シールのＤＭなんて、ちらっと見たらそのままゴミ箱にポイに決まってるでしょ。読まれるわけがないし、ＤＭをもらったなと心に残るわけがない」と。

私はお店に、いつもたくさんの切手をそろえています。

季節の花や風景がデザインされた大きさもさまざまな切手です。

大切な人に読んでいただく葉書ですから、あなたのために書いたのだという気持ちを、切手ひとつで伝わるようにしたいからです。

料金別納の印刷された消印、そっけない切手ではせっかく葉書を書く意味が半減されてしまう気がするのです。

ＤＭには宛先にペットの名前も書きます。

うちにもパピちゃんという可愛いワンちゃんがいるんですが、この子に宛てて葉書が来たら、そのままゴミ箱に捨てるなんてことはしません。もちろん、お便りの文面にも、〇〇ちゃんは元気？　と、その子（ペット）を気遣う言葉を書いています。

それでようやく、読んでもらえるＤＭになるのだと思っています。

私がお客様に手書きのお便りを出そうと思ったのは、まだ新見に戻ってくる前、東京で専業主婦をしていた頃の体験がもとになっています。

娘が生まれて、その娘のために渋谷の西武百貨店のミキハウスで買い物をしたことがありました。そこの女性店長が買い物をした後で、お礼の葉書をくれたんです。

まず、それが手書きの便りだったことに、私は少し驚きました。

けっして達筆というわけではありません。当時、流行りの丸文字で書かれた葉書でした。でも、手書きというのがまず嬉しかった。そしてその中身がすごかった。

あのセーター、きっと綾ちゃん（娘の名）にすごく似合っているでしょうね。私にもぜひ見せてください。今度ぜひ、あのセーターを着た綾ちゃんを連れてお店に遊びに来てください。楽しみにしています。

手紙をもらって嬉しかった。

お店のバリューカスタマーを増やしていくために、これを使わない手はないなと思いました。

お礼のDMで「いかがですか?」はNG

２万通の封書と葉書の内訳はバザールの案内が８５０通×４回で３４００通。そこから６００人がバザールに来てくれるので、そのお礼が６００通×４回で２４００通。そして年賀状が２８００通。それでもそれ以外に１万２０００通以上を出していることになります。あまり数えたことはないんですが通常の営業日でも毎日、30枚や40枚くらいは、ＤＭ葉書を出していることになります。

私も人間ですから、中には葉書を書く集中力が保てない日もあります。

私は安達太陽堂の専務ですが、社長は夫ですし、接客販売はすべて私に任せてくれています。つまり、販売員として私には上司はいません。ＤＭを書かなくても誰も私を叱る人がいないから、自己管理をするより他ありません。

そこで私は岡山の桂子塾や講演会で年間２万通のＤＭの話を、あえて口にするようにしています。

集中力が保てない日でも、「おまえ、自分で年間２万通と言っただろう!」と自分で自分のお尻を叩《たた》いているのです。

どんなに集中力が保てない日でも、どんなに忙しい日でも最低5通は書く。

それが結果として2万通につながっています。

DMを必ず出すのは、私が不在のときにお店に来てくださったお客様。

お店に戻ったらまず連絡ノートを見て、来店されたお客様をチェックする。そして必ず葉書を出します。

「今日は、せっかく来てくださったのに不在にしていてごめんなさいね」

こう書いて出すだけで、お客様は自分のことを大切にしてくれていると実感できるでしょう。

もちろん、商品をお売りしたお客様にもお礼のDMを書いています。

これは絶対に電話ではなくてDMです。

バザールの確認などでお電話をすることはありますが、お買い上げのお礼だけは必ずDMで出しています。

DMだと葉書の切手代が50円かかるし、書く手間もかかる。電話なら10円で済みます。でも電話は相手がどんな状況でいるのかタイミングがわからないから怖いのです。

もしかしたら、口うるさい姑さんが電話をとるかも知れない。最近では携帯電話へかけることも多くなりましたが、夫婦げんかをしている最中に電話をかけてしまうかも知れないし、すごく忙しくしているときかも知れない。

顧客台帳には、何時に電話をかければいいか、かけてはいけないかが記入されていますが、それでもそのとき相手がどんな状態なのかは、本当にはわからない。

お買い上げのお礼は、この店で買い物をしてよかったなと思ってもらうことが大切ですから、後悔させてしまうかも知れないリスクがあることはしないようにしています。

お礼のＤＭの書き方は、お客様との関係、距離感によってさまざまです。

くだけた言葉遣いで書いた方が親しみを感じてくれる方もいれば、丁重に書いてほしいと思うお客様もいます。

ただ、絶対に書かないのは、買い上げいただいた商品について、

「いかがですか？」

「気にいっていただけましたか？」

という、商品の感想を尋ねる文面です。

もしかしたらその人は、その商品を買って、なんでこんなにお金を使ってしまったんだろうと後悔しているかも知れません。

そこに、いかがですか？　と感想を尋ねる葉書が来たら、お客様が「どうなんだろう、この商品。買ってよかったのかな」と自分の買い物に自信をなくすきっかけを与えるこ

とになってしまいます。

これは絶対に、やってはいけないことです。

「お買い上げいただいたクリーム、絶対、毎日、忘れずに使ってくださいね。きっとすべすべのお肌になると思います」

そう書くべきだと私は思っています。

「あの口紅、きっと似合っているでしょうね」

そう書くべきなんです。

なぜなら、それは私が自信を持ってお勧めした商品だし、お客様もそうなりたい、と思って買われたからです。

お買い上げのお礼の葉書は、そうして、もしかしたら後悔しているかも知れないお客様に、買ってよかったと思わせるためのものでもあるんです。

渋谷西武のミキハウスの店長が、綾ちゃんのセーターはきっとよく似合っているでしょうね、と手紙をくれたときの私自身の気持ちを思い出してみると、やっぱりそうなんですね。

きっと似合ってるはずだと言ってくれて、買って良かったと思ったし、嬉しかったわけです。

そう思わせるためにＤＭを書かないと、書く意味がないと私は思っています。

もうひとつ、**私が絶対に書かないのは、**

「ありがとうございました」

という言葉。

これは接客の場面でも同じですが、「～ございました」と言ってしまうとそこでもう、そのお客様との関係が終わってしまう気がするんです。これは商売をする者にとってあまり縁起のいい言葉ではありません。

そこで私は、

「ありがとうございます」

と書く。

そして**「また、あなたにお会いしたいわ」と書きます。**

口紅やメイク商品を買ってくれたお客様なら、「あの口紅をつけたあなたを見たい」「ぜひ、あの口紅をつけてお店に来てくださいね」と書く。

お客様を、この先も安達太陽堂にいらしていただくために書いているＤＭですから、ちゃんと相手に伝わるようにそう書くことが大切だと思っています。

必ず相手がドキッとする一言を書く

岡山の桂子塾のメンバーからも、お店のスタッフからも、葉書を書けというけど、どうやって書いていいのか、何を書いていいのかわからないという質問をよく受けます。

「いっぺん見せてみい」

とそのコたちが書いている書きかけのDMを読ませてもらうと、一番最初に「ありがとうございました」とお礼の言葉が書かれてある。

悪くはないんだけど、結局、最初にそう書いてしまうから言葉が続かないのではないのかなと思っています。

あなたはそのお客様に、何を伝えたいの？

と聞くと、口紅を買ってもらって嬉しかったという答えが返ってくる。

じゃ、そう書けばいいじゃない、と言うんです。

素直な気持ちで言いたいことをまず書けばいい。

そしてできれば、褒めてあげる。

第2章でも書きましたが、お客様は一度褒めてもらったくらいじゃ、褒めてもらったとは思わないものです。お見送りをしながら「よく似合うわ」と褒める。そして、どうせお礼のＤＭを出すんだったら、「きっとよく似合っているでしょうね」と褒めてあげるべきだと思います。

そして、次にあなたはそのお客様にどうしてほしいの？　と聞くと、またお店に来てほしい、と桂子塾のメンバーやお店のスタッフは言います。

じゃ、そう書けばいいんです。

「あなたにもう一度会いたいわ」と。

実際、私はそう書いています。

もちろん、またお店に来てね、と書いてもいいんですが、これはお客様との距離感の問題もあると思います。「また来てね」は、かなり親しいお客様との間の言葉のような気がします。私の場合「また来てね」は、それまでに親や親族のお葬式に行った人にしか書きません。

ＤＭをお客様に読んでもらうコツは、とにかく手書きで、その人のためだけの葉書を書くこと。

そして、その人がドキッとする一言を書くことです。

「また、あなたに会いたいわ」

も、そのひとつ。

そう言われたら、ドキッとするでしょう。

季節の商品のご案内を出すときでも、

「少し肌寒くなってきましたね。あなたが毎朝、頑張って自転車で会社へ通っている姿が目に浮かびます。くれぐれも身体に気をつけてね」

と書く。

何にドキッとするか考えてください。

肌寒くなってきた、身体に気をつけて、だけだったら当たり前。

毎朝、頑張って会社へ通う姿が目に浮かぶ。

この文章が相手をドキッとさせるのだと思います。

一生懸命、仕事に子育てに頑張っている自分を気遣われて嬉しくない人はいないでしょう。

「お子様は元気ですか。今年は受験でしたね。きっと上手くいくと思います。私も祈ってます」

受験でしたね、祈ってます、と話しかけられて嬉しくない母親はいないでしょう。

これが相手をドキッとさせるのです。

そのためには、日ごろから、お客様を知っていることが大切です。

顧客台帳に写真を貼り、ペットの名前を書き、暮らしぶりの変化に気をくばっていれば、自然とこんな言葉は出てくるものだと思っています。

ＤＭはお客様に、「またお店で買い物をしてほしい、そのために、あなたのことをもっと知りたいわ」という思いを伝えるためのお便りですから、相手をドキッとさせて初めて相手もこちらに振り向いてくれるものです。

お店で名前を呼びかけるときに苗字ではなく、愛称で呼びかけているお客様には、ＤＭでも、

「〇〇ちゃん、寒くなってきたけど、お肌の乾燥対策ちゃんとしてる？」

と愛称で呼びかけるようにして書いています。

名前で呼びかけるお客様は、顧客台帳を見なくても住所を覚えてしまっています。いったいこれまでに、そのお客様に何通のＤＭを書いたか。

それでも、また書く。

お店の得意客になってくれたから、ＤＭの枚数を減らすということはありません。むしろ逆です。そろそろマンネリになってきたお客様を、もう一度、ときめかせるために、

私はDMを書き続けています。

出張はDMを活用する大チャンス

私は出張が近づくと、まとめてDMを書くようにしています。

相手をドキッとさせるという意味で、出張は大チャンスだからです。

新見の安達太陽堂の片隅で、「今、東京に来ています」と何通のDMを書くことでしょう。

「今、東京へ来ています。東京へ来て、あなたのことを思い出しました。最近、どうしてる。毎晩、マッサージしてますか。また、あなたに会いたいわ」

そうやって、書きためたDMの束を持って出張に出かけます。

そして東京へ着いた日に、丸の内のポストへまとめて投函するのです。

こうしたDMを出す相手の多くは、しばらくお店に顔を出していないお客様です。

なんでもないときにDM葉書を書くと、お客様は「しつこいお店」だと感じられるかも知れませんが、旅先へ来てあなたのことを思い出した、と書けば、これはDMを出すきっかけとしても、ちょうどいい。

そのうえ、旅先で思い出した、という文章は、相手をドキッとさせるに充分な内容だと思うのです。

ポイントは、消印です。

今、東京へ来ています、と書いた以上、東京の消印でないと意味がない。

葉書の絵柄も大切です。東京出張のときに、まとめて買っておいた絵はがきを使うといっそう相手に思いが伝わります。

出張だけではなくて、プライベートの旅行も同じです。

旅先の消印が押されるようにして投函する。でも、けっして遊びに来ていると自慢話はしません。お客様に、私の気持ちを伝えるＤＭですから自慢話をしても意味がないし、かえって嫌われてしまいます。

この出張ＤＭ、かなり効果は高いです。

私はいつもだいたい１００枚くらいをまとめて出しますが、出張先から帰って１週間ほどの間に、３人はお店に来てくれます。

１００人に出して３人だったら、安いものです。

１００人分の切手代は５０００円です。それで３人の来店ですから費用対効果は絶大です。出張のたびに、お店と疎遠になりかけていた３人のお客様が、また店に戻ってきてくれるのです。

3人の来店を得るために、新聞の折り込みチラシだったら、一体何枚まかなければならないか。

そう思うと、出張前に100枚分の葉書を書くことくらい、何ということはありません。

地元の新聞のどこを読む?

安達太陽堂のある新見には備北民報と山陽新聞という2つの地方新聞があります。特に備北民報は、新見のある備北地域を中心とした情報が掲載される貴重な新聞です。1面から4面までの二つ折りで、発行日は月曜から土曜までの週6日、日曜日は休刊という小さな新聞です。でもこれは地域で商売をしているものにとって、本当に貴重な情報が掲載されている新聞です。

その**新聞のどこ**を読むのか。

一番に**目を通すのは冠婚葬祭の情報**です。

特にどこでお葬式があるのか。訃報欄は目を皿のようにして読みます。

そして、お客様の親族、特にご両親が亡くなられたとわかれば必ずお通夜か葬儀に参列するようにしています。

さらに、四十九日の頃に、四十九日が過ぎた頃にＤＭを書く。

四十九日の頃に、喪主から満中陰志の会葬御礼の葉書が届きます。都会の葬儀はもっと簡略化されているのでしょうが、新見のような田舎町では、まだこうした伝統的な葬儀の習慣が残っています。

普通は、満中陰志はいただいてそれで終わりです。

でも私は満中陰志にお礼状を書いています。

「丁寧なお礼のお葉書を頂戴いたしました。まだ哀しみは癒えないでしょうが、早く元気になってください。またあなたの笑顔を見たいわ」

そして、締めくくりの言葉は、「お安らかに。合掌」。

満中陰志にお礼状が来ることは少ないようで、それを見てお店に来てくれるお客様は思いのほか多いものです。

長いお付き合いのお客様が事故で息子さんを亡くされたことがありました。

私も子を持つ親ですから、お客様の心中を察すると、思わず涙があふれてきました。

そのお客様は１年くらい落ち込んで、外出することも少なくなってしまいました。

そんなときは、

「あなたが落ち込んでいたら○○ちゃん（愛犬の名前）も落ち込むわ。元気になってくださいね」

と励ましの便りを何度か書かせていただきました。

地方新聞で知った情報や、お店のお客様からの情報で年間50回くらいの葬儀に参列します。

私が行った方がいいときもありますが、夫（社長）が参列することも多いです。

お客様との関係や、葬式の大小にもよりますが、これはお客様への気遣いでもあります。

親が死んで、化粧品店が香典を持って焼香に来たというと、いったいこの嫁はいくらほど化粧品を買い込んでいるんだと思われて、かえって辛い思いをさせてしまうこともあるからです。

安達太陽堂のＶＩＰのお客様で年間50万～60万円ほど購入してくださっているお客様がいました。

このお客様が、交通事故で亡くなりました。

そのときは、私も本当に悲しかったけど葬式には出席しませんでした。

そのお客様はご主人が病気で入退院を繰り返されていました。周囲の方から、せめて自分が明るく振る舞うことでご主人を励まし家族が暗くならないように努めているという話を聞いていたので、私も応援していたのです。お化粧をされるのも、そのためだと思っていました。

ところが、闘病中のご主人ではなくて、ご主人を支えていたそのお客様が不慮の交通事故で亡くなられたのです。

お客様ご本人が亡くなられたので、参列させていただいて当然なのですが、参列しませんでした。

自分が入院して苦しんでいる間、嫁が化粧品を買い込んでいると知ったら、浮気でもしようとしていたのかとご主人が誤解されて、ご主人にとっても亡くなられたお客様にとってもこれほど不幸なことはないと思ったからです。

葬儀の日、心の中で手を合わせてお別れを言いました。気遣いを怠ったらかえって逆効果になることを忘れてはいけないと思っています。

安達太陽堂では親族が亡くなられたお客様の通夜や告別式に参列するときに、お持ちする香典に、ＤＭ葉書ではないですが手書きの一筆箋を入れるようにしています。

もしご主人がなくなったお客様であれば、

「どんな慰めも新しい涙のもとにしかならないとわかっておりますが、一日も早く元気になられますように」

と書き添えています。

これは私自身の父母の葬儀のときに、そうしてくださった方がいて、すごく感動した経験によっています。

「あなたのご両親が新婚旅行から帰ってきたときのあの美しい姿が忘れられません」

この手紙を読んで、自分の父や母にも、そんな時代があったのかと思いを馳《は》せましたし、自分の両親を美しいと褒めてくださったことがすごく嬉しかったからです。

お葬式のときにいただいた、こういう言葉は、受け取った人の心に一生残るものです。お店の商売として考えたときに、このような言葉は大きなプラスとして返ってきます。

ひとつの葬儀の後ろ側には、いったい何人の人がついているか。

安達太陽堂には2世代にわたってのお客様もたくさんいらっしゃいます。お母さんが残した化粧品が良ければ、娘さんも使う。お母さんが通っていた化粧品店が良ければ娘さんもまた通ってきます。長い将来にわたっての商売を考えれば祖母、嫁、孫で来店してくれるのが理想ですね。

また地方新聞には、スポーツ大会や学校のクラブ活動などの行事も掲載されます。

あるとき、新聞を見ていて、お客様の息子さんが野球の試合で活躍されたという記事を目にしました。

さっそく葉書を書きました。

「新聞、見ました。息子さん、頑張ってるのね。息子さんのサポートは大変でしょうけど、あなたも頑張ってね。また息子さんのお話、聞かせてください」

どこの母親でも、子どもを褒められて嬉しくない母親はいません。

たとえ地方新聞でも、自分の息子が活躍する姿が掲載されて嬉しくない母親はいません。

そこを褒めないで、どこを褒めるのでしょうか。

次に来店されたとき、そのお客様ともひとしきり息子さんの話題で盛り上がりました。

前にも書きましたが、岡山市内へ転勤した学校の先生が、新見に戻って来ることを知ったのも地方新聞でした。

地方新聞はお客様との関係を深めるためのネタの宝庫だと思っています。

大学進学のお祝いは、小さな救急箱

お客様の家族への気遣いで、私が続けていることのひとつに子どもさんの大学進学のお祝いがあります。

新見には公立大学もありますが、学部も定員もかぎられていて、多くの受験生は岡山、さらには東京、場合によってはさらに遠い地域の大学へ進学します。

娘の綾は高校までは地元の学校に通いましたが、大学は薬学部のある大学を求めて東京へ進学しました。安達太陽堂は化粧品店と薬局を併設した、いわゆる薬粧店です。私自身は法学部出身でOL時代も法律事務所勤務、夫も東京の大学出身ですが卒業後は東京で飲食店を経営する実業家として歩んでいましたから薬剤師とは無縁です。55歳で一般医薬品販売ができる登録販売者の免許を取得しましたが、お店の将来を考えて娘が薬学部に進んでくれたのです。

娘が東京で暮らしていたときは、体調を崩さないか、無理をしていないかと心配のタネは尽きませんでした。結局、父の死をきっかけに、大学院に進学していた娘を新見に呼び戻すことになったのですが、それまでは本当に毎日、何を食べているのか、ちゃんと寝ているのか心配でした。

そんな経験から、子どもさんが大学へ進学されると聞くとお客様へのプレゼントとして、小さな救急箱を送るようになりました。

救急箱には絆創膏《ばんそうこう》や胃腸薬、痛み止めなどの常備薬をセットにして詰め合わせます。でも、それだけなら、ただの救急箱。私がお送りする救急箱には、いざというときその地域で頼りになる仲間のお店の連絡先を貼りつけています。

「もし、何か困ったことがあったら、ここに連絡しなさい」

そう言って、救急箱をプレゼントするのです。

息子さんが、秋田県の大学に進学されたお客様がいました。

さすがに新見から秋田は遠いです。

みなさん喜んでくださるんですが、特にこのお客様は、「桂子さんありがとう」と感謝してくださいました。

もちろん、電話番号を貼った同業者には、

「今度、新見からこんなお客様の息子さんがそちらに進学されて一人暮らしをされるんですが、あんたの店の電話番号教えといたから、もし電話がかかってきたらお願いね」

と頼んでおく。

するど向こうのお店も、

「わかった、まかせときなさい。夜中でも飛んでいってあげるから」

と言ってくれます。

TWANY会の横のつながりで、日本全国に同業者の仲間ができたことが、こんなところで役に立っています。

この春、秋田で4年間を過ごされた息子さんが無事大学を卒業しました。

救急箱のおかげで、そのお客様との距離感は、また一歩近くなった気がします。

子どものことを気遣うと母親は喜んでくれるものです。

今年も10人のお客様に救急箱をプレゼントしました。


こんな話をすると、息子さんがいつ受験する、進学するなんて、そんな情報をどこで得るのか？　とよく聞かれます。

あまり意識したことはなかったのですが、思い返してみると、車までお見送りして助手席に商品を置いたときの雑談だったりするんですね。

「息子さん、何年生になった？」

水を向けると、

「実は息子が受験に受かったのよ」

と教えてくれる。

「おめでとう。じゃ、何かプレゼントしないといけませんね」

という具合です。

結局、こうした情報が手書きＤＭでの、相手をドキッとさせる一言のネタになっているし、ＤＭを送ることで次に来店されたときのお客様とのコミュニケーションのきっかけにもなっている。

「受験、大変だったでしょ」

「大変だったのよ」

「あなたもちゃんと睡眠とれてた？」

そこからの接客話術の話は、第1章で書いたとおりです。

携帯メールとＤＭの使い分け

安達太陽堂では、お客様に顧客台帳を初めて作らせていただくときに、

「秋にあなたにぴったりの商品が出るんですが、またぜひ連絡させてくださいね。連絡

はどんな方法がいいですか」

とおうかがいしています。

たいていは葉書ですが、最近では住所に加えて携帯メールのアドレスをおうかがいすることも多くなりました。

携帯メールでも葉書でもどちらでもいいというお客様には、私は基本的に手書き葉書を出しています。

こちらの思いが、よく伝わるのが葉書だと思うからです。

でも携帯メールは手軽さもあります。

よく使うのはバザールのダメ押し。

バザールの2週間前には封書DMを出します。そして、DMが届いた頃に「届きましたか?」と電話を入れます。

そして、携帯メールのアドレスを聞いている方には、前日にダメ押しのメールを打つのです。

毎回、約150~200通。

さすがにもう一度、電話をするのはお客様にしつこいと感じさせてしまいますし、先ほども書いたように、お客様がどんな状態でいるのかわかりませんから、携帯メールは便利です。

「明日から2日間のバザールです。お会いできるのを楽しみにしています」

これは、準備をして戦うバザール商法の最後の準備とも言えます。

エステの予約のお客様へのダメ押しも前日に携帯メールへ連絡しています。

忘れてしまわれるお客様もいるからです。

そんなときはお客様の方から、予約変更のお電話をいただくこともあります。

もし本当にすっぽかしてしまったら、お客様も気まずくなられるし、お店から足が遠のいてしまうかも知れない。

携帯メールを入れることで、お客様にも嫌な思いをさせなくてすみますし、私も無駄な時間を過ごさなくてすみます。これを使わない手はありません。

でも、やっぱり普段からお客様に、

「また会いたいわ」

と、こちらの気持ちを伝えるのは手書きＤＭ葉書がいいと思っています。

達筆じゃなくていいんです。

上手い字ではなくても、お客様に読んでいただこうと一生懸命書いたものは通じるものです。

流暢《りゅうちょう》な文章である必要もありません。

「口紅を買っていただいて嬉しかった」

「あの口紅、きっと似合っていると思います」

「あの口紅をつけたあなたにもう一度会いたいわ」

自分の素直な気持ちを綴《つづ》った手書きの文字は、きっと相手の心に残るものです。

ＤＭは、単なる商品案内でもなければお店の宣伝でもないと思っています。

少なくとも私の手書きＤＭ葉書は、そうではありません。

また会いたい人に、会いたいという気持ちを伝える。

ＤＭは、そのお客様へのラブレターだと思っています。

第4章

美しくなるための生体のリズム

——美の伝道師として

120キロのお客様を60キロにダイエット

お客様の綺麗になりたいという願望を叶《かな》えるために、美肌やメイクだけではなくダイエット指導も行っています。

安達太陽堂は化粧品販売に薬局を併設した薬粧店です。漢方薬やサプリメントという商売につながるからでもあるのですが、痩《や》せて綺麗にしてあげることは大切な仕事のひとつだと思っています。

ダイエット指導に力を入れるようになったきっかけは、ある日、体重が120キロあるというお客様が「痩せたい」とお店に相談に来られたことでした。

お話を聞いてみると子どもさんの入学式があるので春までに痩せたいのだというのです。話を聞きながら、私も痩せさせてあげたいと思いました。

20歳のときの体重に戻すことは可能だと思っています。その人は20歳のとき60キロだったという。ならば目標は60キロ。その日からダイエットが始まりました。

私のダイエット法は、「食べたものを書く」ことです。

もう10年以上も前のことです。今でこそ、書くダイエットはちょっとしたブームにもなって一般的なものになりましたが、当時としては珍しいものでした。あのときに本を出せばよかったのかも知れませんね（笑）。

そのお客様にまずお願いしたことは、一週間、食べたものを書き出してもってくること。それでその人のだいたいの食生活が把握できます。そしてカロリーブックをもとに計算すれば、その人がどれくらいカロリーを摂取しているのかもわかります。

お店には基礎代謝がチェックできる体脂肪計があります。

通常の主婦の方だと、基礎代謝÷０・６が一日の消費カロリーです。

実際に摂取しているカロリーとこの消費カロリーとの差が肥満の原因であり、痩せるための指標にもなります。

私自身の例で言えば、基礎代謝は１１３４キロカロリー。

１１３４キロカロリー÷０・６＝１８９０キロカロリーが1日の必要カロリーです。

仮に、その日、私が２２００キロカロリーを摂取したら、３１０キロカロリー余分に摂取しすぎた計算になります。でも、これですぐに体重が何キロも増えるわけではありません。この余分なカロリーの摂取が合計で７０００キロカロリーに達したら、体重が約1キロ増えるのです。

逆に言えば、摂取を抑えたカロリーの合計が７０００キロカロリーに達したら体重は

1キロ減ります。

でも、いきなりは無理だから、目標を決めて、少しずつカロリーの摂取を控えていく。

そのために、そのお客様の食事メニューをチェックして「これは少し我慢しましょう」と1品減らす。そうして指標となる食事メニューを作ってあげました。

極端な絶食は、結局、健康を害することになってしまうし、その後のリバウンドにつながってしまいます。

痩せることはより健康になること、という意識を持たせて、「書く」ことで摂取カロリーを意識しながら、でもそれなりにちゃんと「食べる」こと。

食べてもいいんだと思うと、気持ちも楽になるし、続けていける。

結果的に、ちゃんとカロリーを抑えることができていれば、痩せられる。

そして少しの効果が出てきたら、ダイエットが楽しくなってくる。

私の仕事は、そのための伴走者になってあげることでした。

当時、ファックスで毎日、食べたものを書き出したメモを送らせていました。

どうしても痩せさせたかった。

このお客様のためにも、そして私のためにも。

120キロのお客様がやってきたのは、イオンショック、サンパークショックと次々にお店を取り巻く環境が変化して、お客様が減っていた時期でした。

そのお客様はメイクもせず、髪の毛の手入れにもあまり熱心な様子ではありませんでした。でもダイエットに成功したらメイクをしたくなるし、髪の毛も綺麗にするし、着られる服も増えるからお洒落《しゃれ》になる。痩せたら綺麗にしてきっと今まで以上に外出するでしょう。この人がダイエットに成功したら、これは歩く広告塔になると思いました。

「絶対に健康に痩せさせてあげるから、痩せたらちゃんと宣伝するのよ」

冗談半分に、そんなことを言いながら、私は夢中でこのお客様のダイエットに取り組みました。

絶対に痩せられるという自信がありました。

このダイエット法はかつて私が、東京から新見に戻ってくる頃に母に言われて取り組んで成功したダイエット法でした。

28年間リバウンドしないダイエット法

まだ東京で専業主婦だった頃、私は長女の綾を出産しました。

当時は、丈夫な子どもを産むためにはしっかり食べて栄養をつける、ということが普通に言われていた時代で、私も生まれてくる子どものためにとどんどん食べては寝る生活を送りました。

その結果、それまで53キロだった体重は一気に73キロに増えました。なんとなく、出産したらすぐに体重が戻ると思っていたのですが、これが大きな勘違いでした。退院するときはこんな服を着よう、こんな靴を履こうと思って用意していた服も靴もまったく入らなかったのです。

その後も体重は73キロのままでした。思い返してみると主食はアンパン。ホットケーキも大好きでしたから、肥《ふと》っていて当たり前ですね。

服といえばゴムの入ったルーズな衣類ばかり。お宮参りのときの写真を見るとゴム入りの16号の洋服を着ています。新見から上京してきた母に、「あなた、どうしたの？」と驚かれました。

それからしばらくして、母が病を患い、新見に戻って安達太陽堂を引き継ごうという話が持ち上がりました。東京での暮らしは楽しかったのですが、米子出身の夫も私も、東京で子育てするよりは静かな場所に戻りたいという気持ちもありました。でも、この姿で新見に戻りたくないと思いました。

そこで、あらゆる痩身《そうしん》法を試しました。

渋谷のエステに通ったり、絶食に近いダイエットをやったり。

食べないと、天井がぐるぐるまわる。

あれは辛かった。半病人状態ですからけっして健康なダイエット法ではありません。

そんなとき、母が、食べるものを書き出してみなさい、と教えてくれました。そして新見から漢方を送ってくれた。

後で詳しくお話ししますが、漢方はいわゆる痩せ薬ではありません。

腸の調子を整えて、お通じを良くし、腸内に溜《た》まった脂肪をきれいにするための補助的なものです。

この効果があって、１年間で20キロのダイエットに成功しました。

これは私が20歳のときから出産まで維持していた体重でした。

「この方法で、私も20キロ痩せて、以来28年間、ずっとそのままよ。健康に痩せることができるから」

自分の体験をお話しして、１２０キロからの減量をサポートしました。

書くことの効果は、摂取カロリーを食べ物ではなくて数字で考えることで、どこを省くかを考えることができることです。アイスクリームの２００キロカロリーってどんぶりご飯と同じだと知ること。おやつのアイスクリームを我慢して、晩ご飯の白ご飯は減らさなければ、空腹に苦しむこともない。それをお客様に知っていただくことが大切なんです。

私はこの120キロのお客様に、サプリメントとしてバイオリンク・クロレラを飲ませていました。

食事を減らすと、ビタミンの摂取量も減ってしまうからです。犬は体内でビタミンCを作ることができるけど、人間は作れない。だから体外から摂取しなければいけません。人間の生体リズムの中で、夜の10時10分は、いろんなものを一番よく吸収する時間です。よく言われる「夜9時を過ぎて食べたら太りやすい」はこの生体リズムの理にかなったものでもあります。

サプリメントも、この時間に飲むのが一番効果が上がります。

そこで、ダイエット指導を始めた日から、毎夜10時10分になると、120キロのお客様の家に電話を入れました。

「今、10時10分よ。漢方、飲んだ?」

これは、ダイエットの習慣を身につけさせるための私なりの方法でした。

4日目に電話をかけたとき、お客様がこう言われました。

「桂子さん、わかったわ。もう電話をかけてこなくても大丈夫だから」

その後もファックスで食事メモを送らせるダイエット指導を続けながら、一週間に一度、必ずお店に来させるようにしました。

私も大変でした。

そのお客様が食べたものを、すべてカロリーブックでチェックしていましたから。

効果はありました。

1年3ヶ月ほどが過ぎて、私がカロリーブック3冊を丸暗記してしまった頃、120キロは60キロになっていました。

もちろん、その場ですぐ写真を撮りました。

そして120キロのときに撮った写真と並べてお店に掲示させていただきました。

その頃には、そのお客様が歩く広告塔となってお店にダイエット目的のお客様が次々とやってくるようになっていました。

私自身の経験と、このお客様の実例で、書くことと漢方の助けによるダイエットはお店の看板になりました。

漢方を売る、という商売ももちろんですが、痩せて、もっと綺麗になりたいとスキンケアやメイクにお金を使うようになったので、化粧品の売り上げもその分、伸びたように思います。

痩せて健康になる――サプリや漢方の基礎知識

ダイエットは単なる減量ではなくて、痩せて健康になること、だと思っています。健康になるためには、カロリーの摂取を控えてこれ以上肥らないように、そして少しずつ痩せていくことが大切ですが、その他にも気をつけるべきポイントがあります。

私はたくさん水分を摂るように指導します。

目安は一日、2リットル。

漢方茶を飲むことでダイエットを促進させることができるからです。

人間の身体の水分量は55％が理想です。それより低くなって、50％ぐらいになると脂肪が溜まりやすい身体になってしまうのです。水分が足りないと血がドロドロになってしまう。つまり脂肪が蔓延《はびこ》る場所が増えてしまうのです。

それと同時に、サプリメントや漢方薬をお勧めします。

お通じを良くして腸内を綺麗にすることも大切です。便秘は健康にもダイエットにもよくありません。

これにはクロレラ系のサプリメントをお勧めします。腸内の繊毛についてくるとここに脂肪が溜まる。若いときは太かった便が、年とともに細くなってくることがあります。これは繊毛にヘドロが溜まっているためなんです。それを綺麗にしてくれるのは海藻の仕事。サプリで言えばクロレラ系です。

キトサンは、コレステロールを減らす効果があります。

漢方に三爽茶《さんそう》というお茶があります。これは脂肪を腸壁につけない効果があります。牧羊の羊がいくら食べても太らないことから、その効果が発見された薬草です。

五令散《ごれいさん》という漢方は、むくみをとる効果があります。細胞の中に溜まっている余分なものを体外に出してくれるんです。五令散には利尿効果もあります。

またダイエットを始めると風邪を引きやすくなることもあります。そんな人には板藍《ばんらん》茶をお勧めします。ウイルスに勝つ効果があります。インフルエンザ対策としてもお勧めしています。

このほかに、ダイエットのお客様に指導しているのは、できるだけ温かいものを摂取すること。冷たいものは、できるだけ食べないように、と。

フライパンにこびりついた油を落とすには水ではなくてお湯をかけた方が効果的です。これは人間の身体でも同じで、お湯は脂肪を流す効果がある。逆に冷たいものは腸内に脂肪をこびりつかせてしまいます。

それと、一度にたくさん食べすぎないこと。

おなじカロリーを摂取していても、3度の食事を規則正しく摂った方がダイエットには効果的です。人間も動物です。今度いつ食べられるかわからないと身体は自然と脂肪を溜め込もうとしてしまいます。

ダイエット希望のお客様が来られると、私は自分の写真を見せながら、こんなダイエット指導をお勧めしています。73キロから53キロに戻って28年間、一度もリバウンドしないまま同じ体重でいることも。

そう言って、ダイエットさせてきた以上、この体重から肥ってしまうわけにはいきません。

そして、食べたものをしつこく書かせ続ける。

結果を出せばまた歩く広告塔になる。結果を出さなければCMにならないから、こっちも必死です（笑）。

ダイエットとお化粧に共通する「78」の法則

私はどんなに肥っているお客様がやってきても、こちらから、

「ダイエットしませんか」

とは言いません。

他人に欠点を指摘されるほど、お客様の気持ちを傷つけるものはないと思っているからです。

「ねえ、あの女優さん、最近すごく痩せたわね」

と、雑談の中でそれとなくチェンジレバーを引くことはあります。

お客様から、

「そうなのよ、私もダイエットしたいわ」

と言わせるようにしているのです。

人は、そうしてようやく自分の願望に気づくものです。

シミもシワもすべて同じですが、こちらから相手の欠点を指摘してはいけない。

お客様に、言わせないとだめです。

「最近、お腹の調子はどう？」

という話題の振り方も、腸内の脂肪の話、そして私自身のダイエット経験、雑談からダイエット指導の商談に話題を誘導するチェンジレバーへのきっかけとしては効果的です。

でもいくら話題を提供しても、本人が気にしなければダイエット指導の商売は始められません。

逆に、こちらが何も言わなくても120キロのお客様のように、向こうから「痩せたい」と相談に来るケースもある。

不思議なことなんですが、ダイエット相談のお客様と対面していると、78キロを超えると相談に来る人が圧倒的に多い。

もうすぐ、いよいよ80キロ。でも80キロには絶対になりたくない、という意識が働き始めるのでしょうか。

この78という数字は、実はお化粧でも同じなんです。

ずっとメイクをしていたのに、78歳になったとたんにメイクをやめてしまうお客様が多い。

70歳を越えてメイクをしていたのに、突然やめてしまう人の多くは78歳が分かれ道な

んです。

その壁を乗り越えたお客様は90歳になっても、綺麗にメイクをされる。しっかりお肌のケアもしてメイクをしてお店にやってこられます。

新見は人口の38％が65歳以上人口の高齢化の町です。

化粧品業界には化粧人口という言葉があるのですが、65歳はもう一般的に言われる化粧人口ではありません。

でも、お客様にいつまでも化粧をしていただくことは安達太陽堂の商売にとって大きなテーマです。

顧客台帳を見つめながら、78歳が近づいたお客様を私は注意深く見守っています。

そして、少しお店から足が遠のいたなと思ったお客様には、手書きのDM葉書をお送りします。

「お元気でお過ごしですか。また、あの可愛い口紅をつけて会いに来てくださいね」

満月の夜の10時10分にお手入れを

私が生体のリズムについて学ぶようになったのは、ＴＷＡＮＹがきっかけでした。

TWANYシリーズが発売される2年ほど前だったと思います。

全国のカネボウ専門店の中から6人が呼ばれて、当時のカネボウの社長さんに「今から聞いてほしい話がある」と言われて初めて耳にしたのが生体のリズムでした。

女性には月経があります。

だから一ヶ月のリズムというのは理解できる。

でも、自然の法則の中で人間は一生、一年、一ヶ月、そして一日の生体のリズムがあると聞かされて、はっ？　とあっけにとられました。

それまで、そんなことを意識したこともなかったし、それがお客様を美しくする化粧品という商売と一体どんな関係があるのかまったくピンとこなかった。

岡山弁で言えば、それが、何なん？　それがどがーしたん？　という状態でした。

そもそも化粧品販売の現場で、お客様に月経の話題を持ち出すことが、それまでの化粧品業界の常識ではタブーとされていたことでした。でも、私たちは太陽と月の影響のもとで生きている。それによって女性には毎月月経が訪れる。そのことを語らずして、どんなカウンセリングも成り立たないと思っています。

生体のリズムは毎月の月経の話だけではありません。

朝起きて、夜眠る一日のリズム。そして毎月のリズム。さらには一年＝四季のリズム、そして生まれて老いていく一生のリズム。これらの生体のリズムに合わせて作られたのがカネボウのＴＷＡＮＹシリーズです。

一番身近で、わかりやすいのは一日の生体リズムです。

午前中にお店に来られたお客様の顔色が悪いのは、生体のリズムの影響があります。簡単に言えばまだ身体の血液の流れが活発ではない。血行が悪いのです。だから、朝はナチュラルなものよりも赤やピンクの色の強いメイクをしても、それでちょうどいい。

次に正午を過ぎて午後３時くらいになると、顔が油っぽくなってくる。

これは身体の水分量が低下してくるからです。

３時のおやつで、お茶をいただくのは、水分を補給する意味がある。これは生体リズムにかなった習慣です。

安達太陽堂では、お肌の相談に来られたお客様にビューティーアナライザーでお肌チェックをしています。皮脂が多くても、それが午後の時間なら、「少し皮脂が多いのは時間帯のせいです。朝ならばもっと少ないはずです」とカウンセリングしています。

さて夜になって睡眠の時間が近づくと、人間の身体はまた変化します。

毎日夜の10時10分になると、人間の細胞は一日のうちで最もいろんなものを吸収しや

すい状態になります。

このときに、お肌をケアするクリームをつけると一番効果が高い。

逆にこの時間に食事をすると、もっともカロリーを吸収してしまいます。

一ヶ月のリズムの中でも身体がいろんなものを吸収しやすいタイミングがあります。それが満月夜。だから満月の夜の10時10分にはフルコースでお肌のお手入れをすると効果が高いのです。

さて、一日のリズムで言うと、それから2時間後、夜中の12時10分にセル（細胞）が生まれ変わる時間が訪れます。この時間に熟睡していると成長ホルモンが多く分泌されます。

大人にとって成長ホルモンはダメージを受けた身体を再生させる回復のホルモンなのです。だから、どんどん細胞が生まれ変わる。夜更《よふ》かしを避けると、お肌が綺麗なのはこんな理由もあるんですね。そしてそこから明け方にかけて寝ている時間は、身体から水分がどんどん蒸発していく乾燥の時間帯です。寝る前に、お肌の保湿対策をするのはこのためです。

一ヶ月の女性の生理のリズムの中で、最もやっかいなのが月経の約2週間前の「黄体期」。この時期は排卵期ですから受精、妊娠にそなえて身体があるゆる物を蓄えようとします。だから、ダイエットをしても、この時期には体重は減りにくい。そのことを知っていれば、焦ることはない。ちゃんとダイエットを続けていれば、月経の訪れと同時に効果が表れる時期になります。

またこの時期は便秘になりやすくニキビや吹き出物も多くなります。

いわゆる生理前症候群ですね。

先ほどの漢方などでお通じを良くしてあげることが特に必要になってくるのもこの時期です。

そして「生理期」。月経中は女性は貧血状態になる。体内の血液の20％が出て行くわけですから。だから顔色も悪くなる。血圧も低くなりがちでお肌が敏感な状態になっています。私は、生理前と生理中では違う化粧品を勧めることもあります。

そして生理後の約10日間の「卵胞期」。お肌が回復に向かう時期なので「卵胞期」の前半はダメージから回復させるために血行を促進し、後半は毛穴をしっかりと引き締めてトリートメントするお手入れの強化時期と考えるといいでしょう。

一年のリズムは四季です。

夏は紫外線の季節です。また汗や皮脂の増加、体力の低下でお肌がダメージを受けやすい時期でもあります。そこでお肌をダメージから守るケアが必要です。そして秋にはお肌の疲労を回復させてあげる。冬は乾燥の季節です。この乾燥ダメージからは保湿のケアで守ってあげる。そして春は新陳代謝が促進される季節。3月半ばは一年のうちでお肌の集中お手入れの時期です。

そして一生のリズム。

女性の場合、これは月経の開始と閉経、更年期という生体リズムとなって訪れます。女性ホルモンのピークは身長の伸びが止まったとき。それから30年余りの時期を経て、女性は閉経する。世界的に女性の閉経は平均で50・5歳と言われています。

閉経と同時に、エストロゲン、プロゲステロンの分泌がゼロに近くなる。つまり女性ホルモンがゼロになってしまう。

ここから女性の肌は乾燥との戦いになります。

化粧水もクリームもお肌の手入れすべてを、それに合わせたものに替えていく必要があるんです。

お客様に、「生理はいつですか?」と訊くのは、女性としてのプライドをくすぐり、お客さまの気持ちをつかむ接客話術のひとつではあるけど、その後、カウンセリングをしていくうえで、お客様に生理があるのか、閉経しているならどれくらい経っているのか、それまでどんなスキンケアをしてきたのかをどうしても知っておかなければいけないからでもあるんです。

この生体のリズムは、男性にも同じことが言えます。

男性には月経はありませんが、やっぱり一ヶ月のうちで満月の夜は身体がいろんなものを吸収する。10時10分も同じです。ですから、育毛剤をつけるなら、満月の夜の10時10分につけない手はない。

そして細胞が入れ替わる12時10分には熟睡していた方がいい。

生体リズムは男女の差はあっても、太陽と月と地球の引力に支配されて生きている、私たち人間に共通のリズムなのです。

エステティシャンと毛髪診断士の資格をなぜとったか

薬品販売の資格である登録販売者の他に、私は認定エステティシャンと毛髪診断の資格を取得しています。

祖父も父も薬剤師でしたし、今は薬剤師の資格を取得した娘の綾が東京から新見へ戻って一緒にお店を手伝ってくれていますから、登録販売者は保険のようなものです。

認定エステティシャンと毛髪診断士の資格は、私が商売をもっと成功させるために取得した資格でした。

東京から新見の安達太陽堂へ戻ってきて一番最初に考えたのは、商品知識を得なければいけない、ということでした。最初の頃は、生半可な知識をふりかざしてお客様の顔色も見ずに、難しい商品説明をして「何を言ってるのかさっぱりわからん」と叱られて恥ずかしい思いもしました。いざ、「これの商品はどうして、そんな効果があるの？」と訊かれるとまともに答えることもできないこともありました。これでは、とてもこの仕事をやっていけないと思ったのです。

カネボウや資生堂が3泊4日の専門店向けの研修をやってくれて、そこでメイク、エステ、商品陳列などの知識を勉強しました。

でもそれだけでは、他のお店と同じです。

新見銀座商店街の中にはカネボウのライバル店もあったし、資生堂やコーセーなどのお店もありました。

資格を取ることは、そのために勉強してもっと深い知識を身につけることが目的でした。

牛の花子ちゃんに毛髪スプレーを売ったとき、

「牛の毛も人間の毛も同じタンパク質です」

と説明できたから、おじいちゃんは私の話に耳を傾けてくれたと思うんです。

そして、毛髪診断士の資格を持っていたから、私も自信を持って話せたし、あのおじいちゃんも納得してくれたと思うのです。

毛髪診断士の資格を持っている人は、薄毛で悩まれているお客様にとっては神様のような存在です。

育毛剤をつけるにも、効果的な方法というのがあります。

百会《ひゃくえ》のツボから少し下がってへこんだ場所に「防老《ぼうろう》」というツボがあります。ここを中心にトニックを使うと効果的と言われています。

また毛根は頭蓋骨と頭皮の間にあります。

ここを刺激するには頭蓋骨から頭皮を離すようにマッサージすることが効果的です。

育毛の悩みの原因には頭皮の汚れもあります。毛根が脂で詰まって充分に栄養が行き渡っていないんですね。頭皮をチェックして脂が詰まっている人には髪の毛の洗い方から教えてあげます。

たいていのお客様は、奥様は5000円のクリームを使っていてもご主人は500円のクリームというパターンが多いものです。安達太陽堂には男性のお客様もいらっしゃいますが、最近では毎月20人ほど、化粧品購入の男性客がお見えになります。その中でも多いのは、育毛商品のお客様ですね。

男性にしろ女性にしろ、育毛剤を売るのでも、資格を持った販売員が、知識をレクチャーしながら売ってあげることで、お客様の信頼度はまったく違ってくる。

資格を持っていることで、同じ説明をしてもお客様に対して説得力が増す。

この人が言うのなら聞いてみよう、と思ってもらえる。

いざ、資格を取って、有資格者であることはお客様からいっそう信頼してもらえる存在であることを実感しました。そして「資格」は「視覚」にも訴えることができるのです。

それと、お店に来てくれた人に、何かひとつ知識（得なこと）を教えてあげることも大切なことだと思っています。

お客様にもよりますが、知的好奇心が旺盛な方は、少々難しい話でも興味深く聞いてくれます。そしてまた、何かを教えてもらおうと思ってお店に来てくれる。あのお店に行けば得をする、と思ってもらえることは商売にとって大きなプラスです。

「最近、眠れないのよ」

というお客様には、たとえば、交感神経と副交感神経のお話をしています。

交感神経は身体の動きを活発にし、副交感神経は落ち着かせる。交感神経に直結しているのは薬指です。特に心臓に直結しているのは左手の薬指。ここを刺激すると、人間はハッと目が覚める。

「だから、結婚指輪は薬指にはめるのよ。おまえ、浮気しちゃいかんぞ！　って、カッと指輪をはめるのよ。（笑）。会議で眠れないときは薬指を刺激するといいのよ。でも眠りたいときは薬指以外を刺激して。そうしたら、副交感神経が働いて気持ちが落ち着くから」

そんなお話ひとつで、お客様はちょっと得をした気分になってくれます。

この交感神経、副交感神経の知識は、認定エステティシャンの資格試験で学んだことです。認定エステティシャンの試験問題には心理学、解剖学、法学といった幅広い分野の知識が含まれています。私は40歳で受験して、１００点満点の99点で合格しました。この試験の最高得点でした。

そのときの猛勉強が、お客様に教えてあげるための知識としても役立っています。

桂子塾のメンバーにも、何かひとつ資格を取れ！　と言っています。

資格は接客販売に携わるものにとって、きっと大きな武器になります。

私はお店に認定エステティシャンと毛髪診断士の資格証を掲示しています。

40歳で初めてメイクをしたお客様の反応

化粧品の接客販売をする者にとっては、どうすれば綺麗なメイクができるか、その技術は大切です。

私はお店で、メイクを2000円で提供しています。

ある日、私にメイクをお願いしたいと40歳くらいのお客様が来られました。

そのお客様はほぼノーメイク。

「好きな男性でもできたのかな」と思いましたが、私はなんで急にメイクをしようと思ったのかは聞きませんでした。初対面のお客様の内面に土足で踏み込むことは絶対にしてはいけないことだからです。

40歳だから結婚しているとはかぎらない。

これまで独身だったかも知れないし、離婚したかも知れない。

だからどんな年齢のお客様が来られても、家族や生活が見えない初対面のお客様に私は「奥様」とは語りかけません。

フルメイクの注文で来店されるお客様にも、なんでメイクをしたいのとは聞きません。

なんでメイクをしたいのかを知っておくことは、ＴＰＯに合わせたメイクをするうえではとても大切なことなんですが、

「お出かけですか？」

と聞く。

そしてお客様自身に喋ってもらう。

その気遣いが必要です。

そのお客様にも、

「何かお仕事をされているんですか？」

と、さりげなく質問を投げました。

すると問わず語りに、長年、運送会社で夜勤の事務仕事をされていると話されました。

私がメイクを始めると、そのお客様は口紅ひとつ塗るたびに鏡を見ながら「わあっ」と嬉しそうに声をあげられました。

そして、フルメイクを終えた後、１万円分ほど化粧品を買われました。

たぶん、そのとき財布に入っていたお金で買えるだけ買われたのだと思います。様子を見ていて、このお客様はメイクに使った商品のすべてが欲しいんだろうなと思いました。

お客さまが帰られた後、そのお客様と同じ地域から通っているスタッフに聞くと、長年、病気のお母様の看病をしていること、これまで独身だったことを知りました。

夜勤の仕事をしているのも、お母様のためなのかなと思いました。

そんな彼女が、突然、お化粧を教えてほしいとお店に来られたのだから、「やっぱり好きな人ができたんだろう」と思いました。運送会社の夜勤の仕事だからトラックの運転手さんかな……と想像をめぐらしていると、何とか綺麗にしてあげたいなと思いました。

私の仕事は、化粧品を売ることです。

でも目の前のお客様を綺麗にしてあげたいという気持ちを忘れてしまっては、この商売は長く続かないと思っています。

その夜、葉書を書きました。

「あなたがわあっと言ってくれたのが嬉しかった。なんて可愛いピンクの口紅が似合ったんでしょうか」

お客さまが自信を持ってお化粧をすれば、もっと綺麗になれるでしょう。

そのためにも、褒めてあげることはすごく大切なことだと思っています。

その気持ちがあれば、知識や技術はさらに活かされてくると思っています。


40歳のお化粧ビギナーの方にお教えしたメイクの基礎を少しお話ししておきましょう。

30歳を過ぎると、ラインがぼやけてくる。それは身体も顔も同じです。

顔で言えば、まず目の輪郭がはっきりとしなくなってくる。

そこで、アイライナーを入れました。

口紅の塗り方も教えてあげました。

まず外側の輪郭を描いて、それから中を塗る。これはお化粧の基本です。

そこでさらに教えてあげるのがプロのカウンセリングです。

「じゃ、ラーメン食べても落ちにくい塗り方教えてあげる」

そう言うと、そのお客様は目を輝かされました。

「横に塗った後で、縦にも塗るの。なんでかわかる？　唇のシワはタテでしょ。シワの中に入るように塗ることで落ちにくくなるの」

そして次に教えてあげたのが眉の描き方です。

200人から300人メイクするとわかってくることなんですが、**人間の顔の印象は眉で80％が決まります。**

眉は美しくなるための、すごく大きなポイントなんです。

描き方の基本は毛の流れに沿ってまず目尻から頂点へ。頂点から目頭は下へ向かって描く。

眉の形を上手く見せるには眉の上のラインをはっきりさせること。

そして眉頭は濃く見えることも知っておいてください。だから眉の中を塗るときは、先をまず埋めて、それから濃さを均等にして全体が同じバランスになるように最後に眉頭を塗る。濃く見える眉頭から塗ってしまって同じ濃さに仕上げると、思った以上に全体が濃い眉に仕上がってしまう危険があるんです。

大切なのは形。基本はひとつです。

眉の一番高いところは黒目の外側。

これが美しい眉の基本形です。

眉の長さにも標準形があります。標準は小鼻から目尻を結んだ線上が眉尻という長さ。それより長く伸ばせば女っぽくなりますが、老けて見える。短ければボーイッシュにかわいく見える。

そして眉尻がどんどん垂れれば垂れるほど寂しい顔になる。

この基本形を覚えておいて、後は自分をどう見せたいかで形を決めていく。

これが眉の基礎知識です。

新見に来て安達太陽堂で化粧品販売に携わるようになった頃、私は知識を得ようと必死でした。

各メーカーが開催してくれる研修会には欠かさず参加していました。

メイクの知識はすべて、そこで学んだことがベースになっています。

人間の顔は目や口、頰《ほお》（チーク）などいくつかのパーツから成り立っていますが、お化粧をするときに、そのすべてにポイントを置いてしまうといわゆる「怖い顔」「濃い化粧」になってしまいます。

美しさには、単に華美なのではなく、清潔感が必要。

だからどんなお客様にメイクをするときも、ポイントを決めて清潔感のあるお顔に見えるように心がけています。

フルメイクのお客様の中には、結婚式のため、というお客様が多い。

結婚式のお客様には、どんな色の洋服を着て行くのかを聞くことにしています。

真っ赤なドレスを着られるお客様に、真っ赤な口紅を合わせるとあまりに華美になりすぎて清潔感がそこなわれてしまいます。

安達太陽堂ではカラーコーディネイト用の布を用意していて、洋服の色と同じ布を胸元にあててメイクをしてさしあげます。

真っ赤なドレスならピンクベージュの口紅という具合です。

結婚式で気をつけなければいけないのは新郎新婦の親族で留袖《とめそで》を着るという方です。留袖の柄は、たいてい着物の裾の近くに入っています。

立っているときは柄が見えるのですが、テーブルに座ってしまうとすべて隠れてしまって、単に黒い着物になってしまいます。

そんなお話をした後で、

「ナチュラルメイクは綺麗なんですけど、黒い着物だと老けて見えてしまうから、口紅はちょっとだけ朱色《しゅいろ》の入ったものにしましょう」

とお勧めしています。

第5章

商売にとって一番大切なこと

——生涯顧客の作り方

リピート率をいかに高めるか

私は結婚して専業主婦になる前、法律事務所で弁護士の秘書として働いていました。

ＯＬ同士がよく話すことといえばファッションの話題です。洋服のこと、髪形のこと、お化粧のこと。先輩がどこで買い物をしているのか興味があって、私もよく話を聞いていました。

でも、思い返してみると、いつも話題にのぼるお店の名前が違う。「これ、〇〇というお店で買ったの」「今度、渋谷に〇〇っていうお店ができるらしいわよ」。

私自身も、思い返してみると同じ店で買い物をしたことはありませんでした。

ところが、結婚して長女の綾が生まれて、渋谷西武のミキハウスで買い物をしたときは、またそのお店に行きました。

「あのセーターを着た綾ちゃんの可愛い姿を見せに来てくださいね」

という手書きの葉書をもらって、嬉しかったからです。

そしてまた数日して、そのセーターを着せてお店に行きました。

すると店長がちゃんと私と綾のことを覚えていて、

「やっぱり綾ちゃんにこのセーター、すごくお似合いです」

と褒めてくれました。

もう娘のコーディネイトはすべてこの人にまかせようと思いました。

そして実際、それから何度も渋谷西武のミキハウスで買い物をしました。

新見に戻って安達太陽堂の商売を継ぐことになったとき、私は商売のことを何も知らない世間知らずの32歳でしたが、どうせ商売をやるならあのミキハウスのような商売をやりたい、あんなお店を作りたいと思いました。

どこのメーカーでも同じだと思いますが、カネボウでも年間8回来店される化粧品のお客様をそのお店の生涯顧客と考えています。

いわゆるバリューカスタマーです。

もちろん、年4回、バザールのときだけにしか買い物をされないお客様もいます。私はそれはそれでいいと思っています。お客様にはそれぞれ買い物のペースというのがありますから、年4回のお客様もずっと年4回のペースで買い物をしてくださるのなら、大切なお店の生涯顧客です。

単純に来店回数だけで測るのは難しい面もあります。

でも商売のひとつの指標として、年8回のお客様をいかにたくさん作るかが日々の接客活動の目標になっています。

リピートとひと口に言いますが、実は2度目の来店というのはそれほど難しいことではありません。3000円の買い物は捨て金です。すごく満足していなくても接客が良ければ3000円の買い物は一度はします。

お客様は何かアドバイスが欲しいと思って、量販店ではなくて私たちのような専門店に化粧品を買いに来てくれます。お客様が何に悩まれているのか、メイクかスキンケアか、何に興味があるのかを見極めてアドバイスをしてあげれば、もう1回この人に会いたいと思うもの。最初の来店で2000円の買い物をしたお客様は2度目もきっと来店されます。

手書きのDM葉書をお送りして、

「あの口紅、きっと似合っていることと思います。ぜひ、あの口紅をつけて会いに来てくださいね」

とお客様がドキッとする言葉で、こちらの気持ちを伝えれば、2度目も来店されるでしょう。

難しいのは、3度目の来店です。

各メーカーもここで顧客とみなします。

私は1回目と2回目の買い物の内容を見て、そのお客様が興味のあるものをDMで案内するようにしています。

3度目もそのお店に行きたいと思うのは、もう捨て金を使いに行くのではなくてはっきりとした目的を持ってお店に行くわけです。興味のない商品を勧めてくるお店には行かないでしょう。

このお店は、自分のことをわかってくれている。

お客様にそう思っていただくことが大事です。

そこから、お店の本当のお客様、生涯顧客になっていただくためには、とにかくその後も来店していただくことが必要です。

ポイントは、次に来るプロミス（約束）を得ること。

「来月、あなたにぴったりの商品が出るのよ」

接客の場で、お客様とのプロミスの仕掛けをちりばめることです。

たとえばアイシャドウや口紅なら、サンプル品を見せること。

「テスターだけど、きっと似合うと思うの。つけさせてもらっていいですか？」

とご案内して、メイクをさせてもらう。

そしてもちろん「やっぱり似合うわ」と褒める。

お客様が、「いいですね」と納得したら、

「来月ですから」と、焦らす。

これがお客様とのプロミスです。

プロミスには、宿題を出すというやり方もあります。

「夏ですから汗が出ます。化粧くずれ対策をしてくださいね」

そう言って、お客様の宿題として約束させる。

フォローは手書きのＤＭ葉書です。

「ちゃんと日焼け止めしてますか。まだ物足りないと思ったら、もっと強力な日焼け止め用ファンデーションもありますから、相談に来てくださいね」

つまり、宿題を出した先生が、生徒にやさしく、ちゃんとできてる？　と話しかけてあげるようなものでしょうか。不安になったり困ったら、お客様はきっとお店にやってこられます。

「やや満足」を「すごく満足」に格上げする

その人に、お店のお客様になっていただくためには、このお店は自分のことをわかってくれていると思わせることが大切です。

安達太陽堂へ行けば、私のことを知っている店員がいて、いちいちいろんなことを最初から説明しなくても、すべてわかった上でアドバイスしてくれる。

そう思ったら、もう他のお店で買い物をする気がなくなるでしょう。

私が顧客台帳を大切にしているのは、統計をとって経営戦略を立てるためではなくて、そのお客様を知るためです。

私が顧客台帳を手書きで書くのもそのためです。

４色ボールペンを使い分けて、色分けしたシールを貼る。そうして手書きでお客様のことを思い浮かべながら書いた顧客台帳、あるいはＤＭ葉書は私の記憶の中にしっかりと残ります。

だから、次に来店されたときにお客様の名前がすっと口をついて出てくる。

これは、お客様の情報を入力して、新商品が出たら、年齢で抽出してＤＭで宛名を印字して出すという「作業」の中からは生まれてこない接客です。

30代独身者向けの商品でも、40代の主婦の中にもお勧めできるお客様はいるものです。逆に30代独身でも、お勧めしないこともある。

お客様の顔と名前、そしてそのお客様の暮らしや好み、興味がわかっていなければこうした商売は絶対にできません。

私の場合、顔と名前が一致するのは3000人くらい。その中で300人くらいは母の代からのお客。2年間来なかったら顔は忘れてしまいます。

3000人が私のキャパシティということでしょう。

でもその3000人が顔のわかる顧客であれば、それで充分。新見のような小さな田舎町のお店が、TWANY全国大会の売り上げコンクールで連続日本一を続けてきたことが、この商売のやり方の効果の何よりの証明だと思っています。

お客様の暮らしを知ることは、まず家族関係を知ること。

独身なのか、結婚しているのか、子どもはいるのか。そして仕事を持っているのか専業主婦か。姑さんと同居しているのか等々。

そして、どうしても電話をしなければいけなくなったときのために、何時に電話すればいいか、一人で家にいる時間を知っておくことも大切です。

そうして、顧客台帳の管理を通してそのお客様のことを深く知っていれば、しばらく顔を見せなくなったときにいろんな想像を巡らせることができます。たとえば、お母さんが病気かも知れないと。すると手書きDM葉書を書くときも、「お母さんも高齢になられたと思いますがお元気ですか」と、お客様を気遣う一言が書ける。

これが、自分のことをわかってくれているお店ならではのDMになります。

これは居酒屋も化粧品店も、ほかのどんな商売も同じではないでしょうか。

かりに私が八百屋さんだったら、「今日は鍋にしたいけど」と言われたら、「奥さんとこだったら5人家族だから、これくらいの白菜がちょうどいいね」と言える商売をしたい。

お肉屋さんだったら、「ハンバーグにするなら、これくらいの量がいいね」と言える店にしたい。洋服屋さんだったら、あなたに似合うスカーフがあるわよ。絶対に見に来てねと言えるお店にしたい。そう思っています。

3000人のお客様のうち、年8回来店のバリューカスタマーの300人は、安達太陽堂にすごく満足してくれているお客様です。

でも、その他の2700人の大半は、すごく満足はしていない。かと言って不満でもないから安達太陽堂で買い物をする、つまり、やや満足のお客様です。私はこの「やや満足」を「すごく満足」に変えることがとても大切だと思っています。

多くのお店は「不満」のお客様に、どうにかしてお店に来てもらおうと必死になって、かつての私のように安売り商品を仕入れて、チラシをたくさんまくことだけに必死になったり、パソコンで印字したＤＭを一斉に何千枚も発送することを繰り返しています。

もちろん、最初の来店をうながすことは大切です。

お店の存在を知らせ続けることも必要です。

安達太陽堂も地域の新聞、備北民報に小さな広告を定期的に掲載し続けています。

でも、多くのお店は、あまりにもそのことだけに力を注ぎすぎて、せっかく1度、あるいは2度来てくれた「やや満足」のお客様をおろそかにしているように思えます。

これではいつまで経っても、お店のバリューカスタマー＝生涯顧客を作ることはできません。

「やや満足」を「満足」に変える。

そのために、お客様を深く知る。

顧客台帳はそのための大切なツールだと思っています。

お客様の帰属欲求を刺激する

飲み屋の暖簾《のれん》をくぐると馴染み客にはたいてい「あら、おかえりなさい」と声がかかります。

「いらっしゃいませ」と言われるよりもお客様はほっとするし、この店は自分の店だと思う。

これは、お客様の帰属欲求を刺激する言葉です。

安達太陽堂が**お客様を名前で呼ぶのも、帰属欲求を満たすため**なのです。

そのお客様が働いているお客様だとわかっていれば、17時以降に来店されたときは

「今日も一日お疲れさま。おかえりなさい」

と声をかけています。

たとえ何年ぶりのお客様にも、

「いつもありがとうございます」

と声をかけるのも、これと同じ意味があります。

岡山の桂子塾でいつもこう言います。

「たとえ年間1000円のお客様でも、お客様はみんな自分がこのお店のVIPだと思っているることを知らんといけんよ」と。

安達太陽堂に戻って来たとき、手馴れた従業員は「化粧水ください」と来た客に「こちらでございます。いつものお客様の化粧水でございます」と答えていました。

まったく商売というものを知らなかった私は、まるで魔法みたいだなと思って、ベテラン従業員の接客を見ていました。

商売には感動が必要だなと思ったのはこのときです。

感動があれば、物は売れることを知りました。

自分がその店のお客なんだと思って来店されたお客様に、名前で呼びかけること、そのお客様が使っている商品を知っていること、つまり帰属欲求を満たしてあげることは、一番手っ取り早い感動を与える魔法です。

でも、お客様をお店の完全顧客にすると同時に、お客様に長く付き合ってくれる**生涯顧客となっていただくためには、お客様をがんじがらめにしない**気くばりも必要です。

化粧品の販売員は、ついつい自分のお店ですべての化粧品を買ってもらいたいと思いがちです。

でもそれが完全顧客なのでしょうか。

もしかしたら少し節約して、化粧水だけは別の量販店で買っているかも知れない。そのお客様の自由まで、お店が奪ってしまったら、お客様は何かひとつが嫌になったらすべてやめてしまわれます。

恋愛も一緒ですが、あまりに独占欲が強すぎると長続きしないものです。

独身のＯＬ時代は１万円の化粧品を使っていたのに、結婚したとたんに１０００円の化粧品に落とす人もいます。そんなときに、これまでどおり１万円の商品を買わせ続けようとすれば、お客様はお店から離れていってしまいます。

自由になるお金が限られているのかも知れないし、生活が苦しいかも知れない。もしかしたら姑さんから金銭管理されているかも知れない。

そんなときは、私はお客様を傷つけないように、１０００円の化粧品をこちらからお勧めする接客をしています。

「赤ちゃんを産むとエストロゲンが出て自然に綺麗になりますから、しばらくは、こっちの商品で充分かも知れませんね」

そう言って１０００円の商品をすすめることもあるのです。

そうしてお客様と長いお付き合いを心がけていれば、子どもを産んで仕事に復帰したら、また１万円の化粧品に戻ってくる。

そうしてお客様は、お店の生涯顧客になってくださるのです。

商品に夢を持たせる、バザールの景品

新見の私のお店、安達太陽堂の店内には、お客様向けに「いつかはセンチュリー」と書いたポップを掲示しています。

センチュリーはTWANYの中でも最高級品です。

TWANYのお客様は、センチュリーのブランド名を知っています。でもこれは、必ずセンチュリーを使ってくださいとお客様にプレッシャーを与える意味で掲示しているのではありません。

お客様に、私もいつか子どもにお金がかからなくなって余裕ができたらセンチュリーを使ってみたいと夢を持たせるためのポップです。

どんな商売でもそうですが、夢を持たせることは大切なことです。

憧れや夢があれば、お客様はそこを目標にその商品、そのお店を使い続けるものだと思っています。

これは、80年代に流行した、トヨタの広告コピー「いつかはクラウン」の真似です。

私はクラウンに乗っているわけではないのですが、このコピーが大好きです。そこに憧れを感じるからです。

商売にとって、これは大切なことです。

年4回のバザールの景品も、買い物に夢をプラスする商法です。

バザールの景品は、夫が仕入れてくる品を買い物の金額に応じてお客様に選んでいただく方法をとっています。

これはお客様にとってすごく楽しいようで、バザールの前日の夕方にわざわざ景品を見るためにお店に来られる方もいるほどです。

そして、バザールの期間が過ぎたらいくら馴染みのお客様でも、いくら頼まれても絶対に景品はつけない。

いつまでもだらだらと続いたら、夢や楽しみは夢でも楽しみでもなくなって、いつもの当たり前のことになってしまいます。

こんなわがままなバザールに付き合って来店してくれた人に申し訳ないという気持ちもあります。

バザールの景品はお鍋やフライパンといった日用品からキャラクターの縫いぐるみ、子ども向けの玩具、さらにはバッグまでさまざま。お客様の好みや事情もさまざまですから、お客様にとっての夢や憧れも本当に十人十色です。お客様に選んでいただくのは、夢や憧れをお店から押しつけないということもあるし、選ぶ楽しみを残しておいてあげるという意味もあります。

でも不思議なことに景品は余ってしまうことがほとんどない。

バザールは予約商法です。２日間で来店される６００人の顔が見えているから余らない。

商品に夢や憧れをプラスすることは、６００人の完全顧客を飽きさせないためのサービスでもあると思っています。

世界一高い12万円の高級クリームがなぜ売れるのか

カネボウのＴＷＡＮＹブランドには、たった40グラムで12万円する高級エイジングケアクリーム「トワニー　センチュリー　セルリズムＳＰ」があります。

これは世界一高いと言われるクリームです。

どの化粧品メーカーも12月のタイミングに年に１回だけそのメーカーを代表する特別な商品を販売しているのですが、カネボウの場合は毎年12月に全国で限定の予約販売で売り出しています。

世界一高いと言われるクリームが、なぜ売れるのか、と聞かれることがあります。

ましてや、見渡す範囲に4000人しか人口のいない田舎町です。

でも安達太陽堂では、毎年30個、12万円のクリームをお買い上げいただいています。

つまり12月にそのクリームだけで、360万円を売り上げるのです。

高いものは売れない、と思っている人の多くは先入観にとらわれて、いい物には必ずニーズがあるということをわかっていないのだと思います。

友人への手土産を買いにいったときのことです。1000円のカステラの隣に1万円のカステラがありました。見た目はさほど変わらない同じカステラなのに、なぜ10倍も値段が違うのか。興味がわいて店員さんに聞いてみると材料が違うと言う。1000円のカステラもいい卵を選んで使っているのだけど、1万円のカステラには最高級の烏骨《うこつ》鶏《けい》の卵が使われている。

結局、カステラをお持ちする相手様のことを考えて1万円のカステラを買いました。

そうして値段の理由を知ってしまうと、1万円は決して高くない。

付加価値がわかれば高いものも売れるのです。

では、なぜ40グラム12万円の高級クリームが売れるのか。

答えは、結果が出せるからです。

綺麗になりたいというお客様の願望を満たすことができるからです。

そのためには、その効果をわからせることが必要です。わからなければ欲しいとは思わない。でもわかれば欲しくなるものなのです。

私は化粧品を売るときに、お肌に少しでもつけさせていただいて効果を実感していただくことにしています。

「少しつけさせてくださいね」

と言って、手の甲につけさせていただく。

いいものはやっぱり違うもので、たいていのお客様は高級品を選ばれます。

ただ、さすがに40グラム12万円のクリームは安い買い物ではありません。

だから確実に効果を実感してもらう必要があります。そこで私はエステの技術と一緒にこのクリームの良さを実感していただくことにしています。

予約販売は、だいたい6ヶ月前から始まります。

そこでお試しエステを1980円で提供しています。なにしろ40グラム12万円のクリームですから、やっぱり効果がある。

簡単に言えば、高いものは結果が出る。

だから逆に売りやすいとも言えます。

5月は30人がこのセルリズムのお試しエステを受けられました。

みんな「わっ」と言う。

それは綺麗になりたいと思っているお客様にとって感動の言葉です。そこには磨き込んだ技術も必要ですが、**感動があれば、物は売れます。感動があれば12万円は高くない。**

綺麗になりたいという欲求の前では、値段なんて関係なくなるのです。

12万円のクリームを、ほとんどのお客様がキャッシュで買われます。

そしてエステのお客様として、安達太陽堂のエステルームにキープされていかれます。

お客様にとって大切なものを知ること

東京から新見に戻って安達太陽堂で化粧品販売に携わって30年近くが過ぎました。

どうしたらお店を繁盛させていくことができるか。

どうしたら多くのお客様に一生付き合っていただけるお店が作れるか。

顧客台帳、手書きDM葉書、ダイエット指導、レジ3回作戦、予約制バザール等々、いろんな商売の方法を考え出してきました。

でもどんな商売の方法も、お客様という相手があって初めて成り立つものです。

お客様が、この販売員はイヤ、このお店はイヤと感じてしまわれたら、どんな商売も成り立ちません。

やはり商売はお客様を大切にすること、もっと具体的に言えばお客様の気持ちを大切にしてこちらに向かせることが重要だと思っています。

では、お客様の気持ちを大切にするとはどういうことなのでしょうか。

それはお客様の持っているものを大切にすることです。

岡山の桂子塾や、講演で私はしばしば「マー君の十円玉」というお話を紹介しています。

新見に来て数年が経った頃に偶然読んだ本の中にあった話なのですが、マー君は小学生の男の子です。

あるとき、先生が、ものの価値を教えようとして、マー君の前に500円、100円、50円、10円、5円、1円の硬貨を並べてこう聞きます。

「マー君、この中で一番値打ちがあるのはどれ?」

マー君は十円玉を指さします。

マー君は特別学校の寮で暮らしている身体障害者の男の子です。

「どうして」と理由を聞かれたマー君はこう答えるのです。

「十円玉があれば、ママの声が聞けるから」

寮生活をしているマー君にとって、一番価値があるのはママに電話をかけられる十円玉だったのです。

この話を読んだとき、涙が止まりませんでした。

そして商売もこれと同じだなと思いました。

母の代からの安達太陽堂のお客様の中には１０００円の化粧水を40年間使ってきた人がいます。

40年間の技術向上は大変なものがあります。他に良い商品はいっぱいある。

でも４ヶ月に一度、決まって１０００円の化粧水を買いにいらっしゃる。

私は最初、何とかしてこのお客様に新しい化粧品を買っていただくことができないかと考えていました。

でも、思えばそれはお客様が長年使ってきた商品を否定することです。

そしてそれは、お客様のセンスやお客様の40年間を否定してしまうことでもあるんです。

お客様にとって何が一番なのかは、そのお客様それぞれ。

たとえ10円の商品でも、その人にとって良い商品はある。

マー君の十円玉を読んで、そのことに気づいたときから私の接客は変わりました。

お客様が使っている（あるいは選ばれた）商品を見て、

「お客様、こちらに新発売の商品がありますよ」

とは絶対に言わなくなった。

それはお客様のセンスを否定して、お客様のプライドを傷つけることだと知ったからです。

「お客様、いい商品を選ばれましたね。これはビタミンCとE、それにコラーゲンがたっぷりと入った保湿効果も美白効果も高いクリームなんですよ」

まずそう言って、お客様のセンスを認める言葉を口にするようになりました。

おすすめしたい商品の案内はそれから、

「お客様はとっても色が白いから、これで充分ですけど、こんな商品もあるんですよ」

とご案内すればいい。

お客様が持っているもの、価値観、センスをまず認めるところからスタートしなければ、どんな商売の方法も上手くはいかない。

逆に言えば、お客様をまず認めることから、長いお付き合いを続ける生涯顧客が生まれていくのだと思っています。

岡山の桂子塾でもこれは常に言っていることです。

お客様が持ってきた商品、お客様が使っている商品を認めずに新商品の説明をしても、売れるわけがないと。

まず、その人の持っているセンスを大切にしなさいと。

まず「いい商品を選ばれましたね」と言えと。

たったそれだけのことが、おまえらなんでできんのなら！

そして手を抜かずにちゃんと商品を実感してもらうこと、それが何の商品でどんな効果がある商品なのか、なぜお客さまに勧めたいのかを素直に簡単な言葉で言うことが大切です。

最後は「天使の心」です。

これは私のイメージから出た言葉です。

どんな人も他人から欠点を言われたくはない。どんなにシミだらけの顔が目の前にあっても、まず見てみないふり。そして、そっと話題を提供して手を差し伸べる。

売れる接客には、上から目線ではない優しい心が必要だと思っています。

あとがき

いまは亡き母の「お店をつぶさないで」という願い。

いまから30年前のことです。東京で普通の主婦生活を送っていた私は、悩んだ末に緑の山々に囲まれたこの小さな盆地の町に帰ってきました。夫と1歳半の娘を連れて、というか夫と1歳半の娘に連れられて。

中学卒業と同時に故郷を出て京都の女子高に寄宿し、そのあと東京の大学に進んだ私は、たぶん当時の一般的な女子学生より冒険に充《み》ちた生活を送ったはずです。16歳で長女を解き放った両親は知る由もなかったけれど。

でもそれは序章に過ぎませんでした。最初に勤めた法律事務所で見たさまざまな人生の紆余曲折、その光と影。突然降って湧いた芸能界デビューの話。レコーディングにまつわる悲喜こもごものエピソード。いわゆるアウトサイダーの方々を通して知った真なるものと偽なるもの。この世には本当にいろいろな人が生きていて、いろいろな仕事があり、幸福と不幸が背中合わせになっている……。

いまから思えば長谷川桂子の原型を作った荒ぶる海でした。青春時代に寄せ来る波を掻《か》き分けて進む快感を知った女は、ひととき静かな入り江でたゆたっていたいと願い、家庭に入りました。

そして3年が経《た》ち、ふたたび外洋へ出ることを夢想しはじめたころ「帰ってきて」と母に懇願されたのです。

迷いました。中国山地の山の中にある新見に海はありません。何より生まれた町の平穏な日々を思って心が萎《しぼ》みました。東京にいさえすれば自分にはまだチャンスがある――それがどんなチャンスなのか、自分が何をしたいのかさえ判らぬまま、私は愛する母の願いと野心（のようなもの）との狭間《はざま》で揺れていました。

「子供は緑の沃野《よくや》でこそすくすくと育つものだ。新見へ帰ろう」

そう言って背中を押してくれたのは夫。株式会社安達太陽堂の現社長・長谷川俊二です。おぼつかない足どりで歩き始めたばかりの娘・綾もまた無邪気な笑顔で私を故郷にいざないました。

心を東京の雑踏に残したまま、商売人の家に生まれ育った「血」だけを頼りに私は店頭に立ちました。でも、文字通り「立っているだけ」の毎日。自分が何も知らず、したがって何もできず、失望したお客様の背中を見送るだけの毎日。それまで重ねてきた年月と経験がほとんど生かせない日々が続きました。

試行錯誤の末、ある朝、自分がスタートラインに立てたという自覚が持てました。ここから新たに始めよう、人にどう思われるかではなく自分がどう思うかを基点にしよう。やっとそう思えるようになったのです。

販売の世界では前年クリアが一種の存在証明です。以来、私は「去年の自分を乗り越えたい」「去年の自分に負けたくない」、それだけを念じて生きてきました。気障な言い方をすれば、めざしているのはつねに「途上にある桂子」――今年乗り越えた自分を来年の自分が乗り越える。だから、この目標はいつも動き続けています。

化粧品市場もまた動き続けています。1997年、再販制度が撤廃されると価格は一挙に流動化し、そのころ台頭しつつあったドラッグ流通を中心に値引き販売が常態化しました。化粧品はいまやオフプライスが当たり前。拡大したセルフ市場は専門店から離れていき、私たちは多くの顧客を失いました。

そうなると専門店の得意分野である、カウンセリング市場も安泰ではありません。この分野の商品のＧＭＳ（量販店）がこぞって値引きしたのです。

確かに専門店はそれでも「高い化粧品を売っている」流通でした（もちろん安い化粧品も売ってはいますが）。しかしこのままでは専門店は「化粧品を高く売っている」だけの流通になってしまう。実は大手化粧品メーカー各社はそれを見越して、90年代半ばから「専門店ブランド」を上市していました。

その最後に登場したのが本書に頻出するＴＷＡＮＹ《トワニー》です。「生体のリズム」という当時として画期的な美容理論を引っさげたこのブランドに出会ったとき、私はふたたび広い海へ出ました。

私は、開発時代から関わってきたＴＷＡＮＹに心血を注ぎ込み、このブランドを定着させるため全国を飛び回ってきました。

化粧品市場の多様化はさらに進み、専門店にはネット通販などの新たなライバルが出現しています。いや、売上規模の推移で見るなら専門店は昔日の流通ということになるでしょう。でも波は高ければ高いほど乗り越え甲斐がある。私はＴＷＡＮＹの輝く未来を信じています。

本書が成ったのはひとえにお客様のおかげです。

「ありがとう、あなたに会えてよかった」と言ってくださったお客様に支えられて、ここまで来ました。そしてＴＷＡＮＹ会有志との強い絆。ＴＷＡＮＹに同じ思いを寄せるカネボウ化粧品各位。これらの人々の存在なしに本書が世に出ることはありませんでした。

私をいちばん近くで補佐してくれる弊社スタッフは言うに及びません。もちろん私の家族も。みんな、本当にありがとう。感謝です。

最後にカネボウ元社長の帆足隆氏へ。「桂子ちゃん、ＴＷＡＮＹを頼むよ」と言って去ったあなたの声は、いまも私の胸を震わせています。

本書は書き下ろしです。

〈著者紹介〉
長谷川桂子　1952年岡山県生まれ。岡山県の化粧品・薬品販売店「安達太陽堂」専務。日本大学法学部卒業後、東京・赤坂の法律事務所に勤務。母の大病をきっかけに、故郷である新見市へ家族とともにUターンし、安達太陽堂に入社。その後、カネボウ化粧品の専門店向けブランド「TWANY」で、12年連続売り上げ日本一を達成し、殿堂入りを果たす。日本エステティシャン協会認定エステティシャン、毛髪診断士などの資格も持つ。

牛に化粧品を売る
「生涯顧客」を作る、カリスマ販売員の接客習慣
2012年9月25日　第1刷発行

著　者　長谷川桂子
発行者　見城 徹

GENTOSHA

発行所　株式会社 幻冬舎
〒151-0051 東京都渋谷区千駄ヶ谷4-9-7

電話：03(5411)6211(編集)
03(5411)6222(営業)
振替：00120-8-767643
印刷・製本所：株式会社 光邦

ISBN978-4-344-02249-2 C0095
幻冬舎ホームページアドレス　http://www.gentosha.co.jp/

この本に関するご意見・ご感想をメールでお寄せいただく場合は、
comment@gentosha.co.jpまで。